KB069641

12 상담 및 심리치료 이론 시리즈

의미치료

한재희 · 남지연 공저

Theories of Counseling
and Psychotherapy

학지사

머리말

얼마 전 어느 대학의 2019년 신입생 실태조사에서 '최근 자살하고 싶은 생각이나 자살충동을 느낀 적이 있느냐'는 질문에 무려 40%의 신입생이 '그렇다'라고 대답하였다. 그 원인에 대한 항목에서 놀랍게도 '진로나 경제적인 문제'보다도 '삶이 무의미해서'라는 항목에 가장 많이 응답하였다. 삶에서 느끼는 공허함이나 무의미는 단지 현시대를 살아가는 청년에게만 독특하게 나타나는 현상은 아닐 것이다. 어느 시대에서나 그리고 어느 세대에 있어서나 정도는 다르지만 삶의 허무함을 느끼게 된다. 이는 사람이 유한성을 지닌 물리적 실체를 벗어날 수 없기에, 인생은 어쩔 수 없이 무의미라는 그림자를 품게 된다.

오늘날 초정보화 시대를 살아가는 우리는 인류가 경험했던 그어떤 시대보다도 삶의 무의미가 깊게 드리워져 삶이 피폐해지는 현상을 목격하며 살아가고 있다. 이는 필연적으로 자살, 중독, 자해, 우울, 강박, 성격장애, 대인기피 등의 정신적 문제로 이어진다. 이와 같이 인간성의 상실로 인한 심각한 정신적인 문제에 직면한 현대인에게 삶의 의미에 대한 자각은 전인적 건강을 위한 매우 새롭고도 중요한 시각을 제시해 주고 있다.

심리치료 혹은 정신의학 분야에서 '삶의 의미'에 대한 개념을 이야기할 때 가장 먼저 떠올리는 사람은 오스트리아 빈 출신의 Viktor Emil Frankl일 것이다. 그는 삶의 의미나 죽음 등의 실존적인 개념들을 철학적 사유만이 아닌 삶이라는 직접적인 현장에서 경험하였고 이를 정신치료에 접목하여 체계화하였다. 그렇기에 그가 전하는 삶의 의미에 대한 이론은 매우 설득력이 있으며, 단지 심리치료적인 내용만이 아니라 그의 경험적 삶을 통해 깊은 울림과 반향을 일으킨다. 그는 청소년 시절 모든 인생이 결국 죽음으로 귀결될 수밖에 없다는 허무함으로 인해 고민에 빠졌으나 결국 삶을 의미 있게 만드는 것이 죽음이라는 사실을 깨닫게 되면서 인생에 있어서 의미가 지닌 가치를 가장 심층적으로 밝히게 되었다. 그는 정신의학자로서 학문적 탐구와 함께 유대인으로서 나치 독일의 수용소 경험을 통해 의미치료(Logotherapy)를 체계화하였다.

이 책은 의미치료의 기법이나 이론적 개념을 단순히 추상적으로 설명하고자 함이 아니라 의미치료의 전체를 체계적으로 이해할 수 있도록 서술하고자 노력하였다. 이를 위해 의미치료가 구체화되는 과정에서 핵심적 토대라 할 수 있는 철학적 바탕과 인간이해를 심도 있게 그리고 명료하게 체계화하였다. 이러한 기반 위에서 도출된 이론과 기법을 구체화하였고, 의미치료에서 실행되는 과정과 기법을 알기 쉽게 예시를 통해 설명하고자 하였다. 특별히 중요한 이론적 개념과 기법은 새롭게 재해석한 그림과 도표로 시각화하여 제공함으로써 더욱 명료하게 이해할 수 있도록 노력하였다.

그동안 의미치료는 인간 돌봄의 현장에 있거나 정신적인 문제를 다루는 전문가들에게 이미 잘 알려져 있지만 이론이나 개념이 추상적이고 실제 적용에 있어서 매우 모호하다는 평가를 받고 있다. 이러한 측면에서 이 책은 의미치료의 모호성을 적절히 해결해 주며 실제 적용을 위한 가이드를 제시해 줄 수 있을 것이다. 이 책의 구성은 1장에서 Frankl의 생애와 의미치료의 철학적 기초를, 그리고 2장과 3장을 통해 의미치료의 인간이해와 주요개념을, 그리고 4장에서는 의미치료의 증상 및 개입원리를 소개하고 있다. 5장과 6장은 의미치료의 상담실제에 대한 부분으로서, 5장은 의미치료의 과정과 기법을 다루고 있으며, 6장은 의미치료의 상담사례를 소개하고 있다.

　정신치료의 현장에 있는 전문가들과 상담학을 공부하는 분들에게 의미치료를 좀 더 명료하고 구체적으로 소개하고 싶은 마음으로 망설임 끝에 이 책을 저술하고자 결심하였다. 그러나 이 책의 저자 2인은 모든 내용을 공동으로 협의하고 고민하여 집필하는 과정에서 예상했던 것보다 훨씬 더 힘겨웠음을 고백한다. 또한 일반 독자들이 좀 더 쉽게 이해할 수 있도록 저술하고자 하였으나 여전히 아쉬운 부분이 남아 있음을 스스로 인정할 수밖에 없다. 이러한 과정에서 정해진 시간을 넘겼음에도 불구하고 묵묵히 기다려 주신 학지사 김진환 사장님과 편집부 직원들, 특히 김순호 편집이사님과 최주영 선생님께 진심으로 감사를 드린다.

저자 한재희, 남지연

차례

들어가며

    의미치료(Logotherapy)는 오스트리아의 정신과 의사인 Viktor E. Frankl에 의해 체계화된 상담이론이다. Frankl은 1930년대 후반 인간에 대한 실존주의적 가치관을 바탕으로 실존분석으로 번역될 수 있는 독일어의 'Existenz-analyse'라는 새로운 심리치료적 접근을 시도하였다. Frankl의 실존분석적 접근은 그 당시 일반적으로 활용되던 정신분석과 행동요법의 한계점을 지적하면서 새로운 심리치료적 이론과 기법을 체계화하고자 노력하였다. 유사한 시기에 스위스의 정신의학자였던 Ludwig Binswanger는 Medard Boss와 함께 Martin Heidegger의 실존철학을 심리치료에 적용하여 독일어 'Dasein-analyse'라는 실존적 차원에서 기존의 정신분석을 비판하며 인간심리에 대한 새로운 이해와 새로운 형태의 정신분석을 체계화하여 시행하였다. Binswanger와 Boss의 'Dasein-analyse'는 우리나라에서 '현존재분석'으로 번역되었는데 '현존재(Dasein)'란 Heidegger에 의해 명명된 철학적 용어로서 '실존적 인간'을 의미한다.

    실존주의적 인간관을 바탕으로 유럽에서 발전되어 오던 각각의 심리치료 이론들이 2차 세계대전 이후 미국으로 건너와 소개되었다. 이러한 과정에서 Frankl의 'Existenz-analyse'나 Binswanger와 Boss의 'Dasein-analyse' 모두 영어로 'Existential-analysis(실존분석)'로 번역될 수밖에 없었다. 이것을 계기로 Frankl은 유대인으로서 겪었던 나치 포로수용소에서의 실제적 경험을 바탕으로 자신의 실존분석 이론을 더욱 정교화하고 구체화한 의미치료(Logotherapy)를 새롭게 발표하였다.

의미치료로 해석되는 로고테라피(Logotherapy)는 헬라어 로고스(logos)와 치료(therapy)의 합성어이다. 로고스는 BC 6세기의 철학자 Heracleitos 이후 철학과 신학의 교리적 체계에서 나타나는 중요한 개념으로서 신적인 정신이나 지혜, 이성, 의미 등을 뜻한다. 로고테라피에서 로고스는 인간이 지닌 정신적 차원의 의미나 가치가 인간에게 있어서의 본질적 차원임을 강조함으로써 기존의 정신분석과 개인심리학적 심리치료와 차별성을 두었다. Frankl은 초기에 Freud의 정신분석학과 Adler의 개인심리학으로부터 영향을 받았지만 다양한 실존철학적 인간학을 수용하고 자신이 직접 체험한 경험으로 입증하면서 두 학파의 이론에 대한 논쟁과 비판적 입장을 견지하여 실존주의철학에 기반한 이론적 체계를 갖추었다. 이로써 오스트리아 빈의 심리치료 학파로서 제1학파인 Freud의 정신분석과 제2학파인 Adler의 개인심리학에 이어 제3학파인 Frankl의 의미치료가 탄생하였다.

1장
Frankl의 생애와 의미치료의 철학적 기초

1. Frankl의 삶

의미치료의 창시자인 Viktor E. Frankl
은 1905년 3월 26일 현대정신의학
의 탄생지인 오스트리아 빈에서 2남 1녀의
둘째로 태어났다. 공무원인 아버지 가브리
엘은 경건한 유대인이었고 어머니 엘사는
유대 랍비 집안 출신으로서 Frankl은 자연
스럽게 전통적인 유대교의 종교적 분위기에서 성장하였다. 어린
시절부터 의사가 되기를 꿈꾸어 왔던 Frankl은 청소년 시절부터
철학, 심리학, 정신의학 등에 대한 방대한 지식을 축적하기 시작
하였으며 학업에 있어서 그의 총명함을 드러냈다. Frankl은 16세
때부터 당시 정신분석학의 창시자로 이미 세계적인 명성을 얻고

있던 Freud와 서신을 교환하면서 토론과 대화를 할 수 있는 수준까지 성장하였다. 그가 보낸 논문은 몇 년 후 Freud의 제안으로 정신분석의 국제학술지에 실리게 되었다. 이로써 대학에도 입학하지 않았던 청소년의 논문이 당대 최고의 학자에게 인정을 받게된 것이다.

Frankl은 1923년 우리나라의 고등학교에 해당하는 오스트리아의 김나지움을 졸업하고 빈 대학교 의학부에 입학하여 신경학과 정신의학을 전공하였으며, 곧이어 심리치료 연구에도 집중하였다. 의학부 학습 과정 초기에 그는 정신분석협회의 일원이 되기를 원했지만, 곧바로 인간의 행동을 심리성적 원리로만 설명하고자 했던 Freud의 정신분석 이론에 회의를 품게 되었다. 이에 Frankl은 1925년 Freud와 결별을 선언하고 빈 정신치료의 제2학파를 형성하고 있었던 아들러 학파에 가입하였다. 그는 아들러 협회의 잡지에 논문도 기고하였으며, 개인심리학 국제총회에서 기조강연을 하는 등 적극적으로 활동을 하였다. 하지만 그는 곧 Adler의 개인심리학에도 회의를 품게 되었다. Frankl은 아들러 학파 역시 Freud의 정신분석과 마찬가지로 인간의 행동과 심리를 너무 단순화하여 설명하고 있다고 생각하였다. 또한 그는 심리적 문제를 지닌 환자를 유년기와 관련하여 해석하는 일에 몰두해 있는 것에 대해 동의할 수 없었다. 이로 인해 아들러 학파로부터도 소외된 Frankl은 이때부터 심리치료의 이론에서뿐만 아니라 실무에서도 자신의 독자적인 길을 구축하기 시작하였다.

그는 22세 의과대학생에 불과했지만 우울증과 자살 분야에 깊은 관심을 기울이고 청소년 상담센터에 관여하여 청소년들의 자살을 예방하고자 노력하였다. 또한 그는 심리치료의 이론적 기반을 구축하는 데 있어서 Heidegger가 저작한 『존재와 시간(Being and Time)』(1962) 등의 서적을 통해 인간에 대한 실존주의적 이해를 구체화하였다.

이후 그가 20대 중반이 되는 1930년에 빈 대학에서 의학으로 학위를 취득하였으며, 곧바로 빈 정신병원에서 자살시도 여성들을 위한 감호시설에서 책임자로 일하게 되었다. 그 후 Frankl은 1937년 자신의 정신신경과 병원을 개원했으나 그 이듬해 나치 정권에 의해 오스트리아가 합병되면서 유대인들의 인권이 박탈당하기 시작하였다. Frankl 역시 의사 자격증을 박탈당하고 병원도 빼앗겼다. 많은 유대인이 망명길에 올랐지만 나치 치하에서도 위험을 무릅쓰고 빈에 머무르면서 로스차일드(Rothschild) 병원에서 환자들을 돌보았다.

1941년 12월 그 병원의 간호사였던 Tilly Grosser와 결혼하였지만 그로부터 9개월 후인 1942년 9월 25일 부부는 물론 그의 부모와 장모, 그리고 형까지 모두 체코슬로바키아 프라하 인근의 유대인 임시수용소인 테레지엔슈타트(Theresienstadt) 수용소로 이송되었다. 그 후 Frankl은 1942년에서 1945년 동안 잔인한 의학실험이 자행되었던 아우슈비츠를 거쳐 카우펠링과 튀르크하임 강제수용소에서 죽음에 대한 극심한 공포와 긴장, 잔악한 인격적 모욕과 굶주림, 그리고 인간의 한계를 시험하는 혹한과 강제노역 속에서 직접적으로 인간 실존에 대한 체험을 하였다. 강제수용소에서 뉴

질랜드로 망명했던 여동생 외에 그의 아내와 장모, 부모와 형 등 모든 가족이 가스실에서 또는 강제노역 가운데 죽음을 당하는 쓰라린 상실을 경험했다.

1945년 4월 27일 Frankl은 튀르크하임 수용소에서 해방을 맞이하였으며, 다시 빈으로 돌아와 의사로서 환자를 돌보는 동시에 수용소에서 인간 존재에 대해 경험했던 내용들을 비밀리에 적은 기록들을 모아 독일어로 출판하였다. 이 책이 바로 자서전적인 문학적 가치를 품고 있으면서도 자신의 삶의 경험을 통해 심리치료적 접근을 로고테라피(의미치료)로서 더욱 구체화시킨 『죽음의 수용소에서』이다. 이 책은 엄청난 반향을 일으켰으며 그 후 27개 이상의 언어로 번역되어 소개되었다. 현재까지도 많은 나라의 고등학교와 대학에서 필수 독서목록으로, 또는 심리학과 철학, 신학 등의 교재로 사용되고 있다. 이후 그는 『죽음의 수용소에서 실존주의로(From Death-camp to Existentialism)』(1959), 『인간의 의미에의 추구(Man's Search for Meaning: An Introduction to Logotherapy)』(1963), 『의사와 영혼(The Doctor and the Soul)』(1965), 『심리치료와 실존주의(Psychotherapy and Existentialism)』(1967), 『의미에의 의지(The Will to Meaning)』(1969), 『삶의 의미를 찾아서(The Will to Meaning: Foundations and Applications of Logotherapy)』(1969) 등 30여 권이 넘는 다양한 저술활동을 통해 인간에 대한 존재론적인 개념과 의미치료의 이론 및 접근방법에 대한 설명을 시도하였다.

Frankl은 첫 아내 Tilly Grosser의 사망을 공식적으로 확인한 이후 나치 치하에서 위기의 순간에 자신을 구해 주었으며 같은 병원에서 간호사로 근무하였던 Eleonore Schwind와 재혼하였다. Frankl은 1946년에서 1971년까지 25년 동안 빈의 폴리클리닉 병원의 뇌건강 센터의 책임자를 역임하였으며, 동시에 자신이 세운 빈의 정신치료학교에서는 85세 되는 1990년까지 '뇌과학과 정신과'의 교수로 학생들을 가르쳤다. Frankl은 심리치료사로 그리고 위대한 저술가이자 사상가로 전 세계를 누비며 수많은 강연회를 열었고 여러 나라 대학에서 200여 개 이상의 강좌를 개설하였다. 또한 세계의 모든 대학으로부터 29개의 명예박사학위를 수여받았다. 그는 미국 정신의학협회로부터 미국인이 아닌 사람으로서 최초로 오스카 피처상을 받았으며, 미국의학회와 미국 정신의학협회, 그리고 미국심리학회는 Frankl의 의미치료를 공식적인 정신치료학파로 인정하였다(윤순임 외, 2005).

Frankl의 의미치료는 의미부여의 주체가 환경의 산물이 아닌 개개의 인간이며 이것이 진정한 존재적 가치를 드러낼 수 있는 기본적인 요인임을 보여 주고 있다. 따라서 Frankl은 의미치료를 통하여 심리치료가 생물학적이고 기계론적인 인간이해를 바탕으로 하는 신체적 및 심리적 차원을 뛰어넘어 인간의 정신적 차원에 대한 실존적 문제에 주의를 기울이도록 방향을 전환시켰다. 그는 허무주의와 무의미로 인해 절망하는 현대인들에게 정신적으로 건강한 삶을 누릴 수 있는 안목을 제공하는 데 기여하였다. 전문적인 암벽등반가로도 명성을 날렸던 Frankl은 인생의 마지막까지 열정적인 삶을 살다가 1997년 9월 2일 92세를 일기로 숨을 거두었다.

2. 의미치료의 철학적 기초

Frankl은 초기에 Freud의 문하생으로 정신분석 접근을 지향하는 정신과 수련의로 경력을 쌓았으나 실존주의 철학자인 Martin Heidegger, Max Scheler, Karl Jaspers 등의 저서에 영향을 받은 후에 자신의 실존분석 심리치료 이론을 개발하였다.

1) 철학적 영향

의미치료는 의미로 해석되는 '로고스(logos)'를 기반으로 한 심리치료로 의미중심(meaning-centered) 혹은 의미를 통한 치료(healing through meaning)라고 할 수 있다(Frankl, 2005b). 그러나 좀 더 엄밀하게 말하자면 Frankl은 치료라는 용어보다는 '의미이론(logotheory)'이라는 용어를 선호한다고 볼 수 있다. 이는 Frankl의 이론이 신경증적 치료의 좁은 영역이 아니라 삶의 넓은 영역에 합당한 접근방법이기 때문이다(Frankl & Kreuzer, 1998). Frankl은 인간이 진정한 삶의 의미를 갖지 못할 때 실존적 공허(existential vacuum)나 절망감에 빠지게 되며, 맹목적인 욕망이나 쾌락을 추구하게 된다는 사실을 이론의 핵심으로 삼고 있다. 따라서 그는 삶에서 심리적 질병이 발생하는 근본적인 원인을 "인간으로서 자신의 삶 자체가 의미 있다"는 사실을 인식하지 못하거나 느끼지 못하기 때문으로 보았다. Frankl은 현대인이 삶을 어떻게 살아야 하는지에 대한 고민 이전에 삶 자체에 대해 그 의미를 찾지 못하고 있다는 점에 주목하였다. 그는 "정말 심각한 문제는 어떤 삶이어야 하는지에 대한 판단이 아니라 삶의 가치가 없다는 것"이라는 Camus의 말을 그의 저서에서 매우 의미 있게 인용하고 있다 (Frankl, 2005b). 의미치료는 기본적으로 실존주의의 존재론적 인간이해를 바탕으로 하고 있다. 특히 실존주의 철학의 존재론적 인간론은 인간이해에 대한 의미치료의 가장 근간이 되는 사상이다.

실존주의 철학의 핵심은 개인이 연속적이고 계속적인 선택을 통하여 인생의 방향을 자유롭게 선택하는 것으로 정의한다. 하지만 이 자유는 개인적인 의사결정의 결과들에 대한 책임을 부여하기 때문에 인간의 고뇌와 두려움의 원천이 된다는 것이다. 이러한 실존주의는 인간의 심리적 과정이 생리적이고 심리적인 기초들로 인해 실행된다는 환원주의와는 달리, 인간이 지닌 영적 특성인 정신활동성의 개념에 기초를 둔다.

실존주의적 접근의 상담은 단일한 이론체계를 갖춘 상담적 접근이 아니라(Cooper, 2014; Deurzen, 2017), 실존주의 철학을 기반으로 인간에 대한 존재론적 세계관 속에서 다양하게 전개되고 있는 이론체계라 할 수 있다. 따라서 실존주의에 영향을 받고 나름대로의 상담적 접근을 발전시켜 활용한 학자들 역시 각자의 관점과 강조점에 따라 실존주의적 접근이 다른 특징을 지니고 있다 (Cooper, 2014). 실존주의를 바탕으로 한 상담적 접근이 추구하는 공통적인 목표는 증상을 제거하거나 내담자의 기능적 차원을 강화시키려는 시도보다는 내담자 자신과 자신의 삶에 대한 통찰을 얻도록 하는 것에 중점을 두고 있다.

의미치료는 실존주의 상담의 한 부류로 여겨진다. 실존주의적 접근으로서 의미치료 역시 인간에 대한 존재론적이고 관계론적인 이해를 통해 내담자로 하여금 자신과 자신의 삶을 직면하게 하고 삶에 대한 가능성과 한계를 탐색하여 자신의 삶을 성찰하게 할 뿐 아니라 삶의 의미와 방향을 발견하도록 도움을 주는 것이다(한재희, 2019a). 그러나 의미치료는 실존철학에 따른 실존분석이나 인간주체에 대한 존재분석만이 아니라 그 이상을 포함하고 있다. 의미치료는 인간을 이해함에 있어서 독특한 의미와 가치를 창조하는 존재로서의 인간관을 기반으로 하여 인간만이 지니고 있는 정신적 차원의 새로운 관점과 기술을 제시하고 있다.

Frankl에 의하면 인간 삶에 있어서 주체적 의미와 관계는 삶을 가능하게 하며 행복을 영위하는 매우 중요한 요소이자 의미치료의 주제이다. 많은 신경증 환자의 증상은 스스로 진정한 의미를 추구하거나 다른 사람들과 진정한 관계를 맺기보다는 삶 속에서 권력과 쾌락을 얻기 위해 지나치게 신경을 쓰고 모든 심리적 에너지가 쾌락 자체로 집착하게 됨으로써 생기게 되는 것이다(Frankl, 2002). 의미는 개인이 지니고 있는 삶에 있어서의 주체성과 관련이 있으며 관계는 타인과의 연결성 또는 연합과 관련된 것이다.

의미치료에서는 개인이 자신의 삶의 의미를 창출할 수 있는 주체성을 강조하고 있다. 의미치료의 철학적 기반인 실존주의는 무엇보다도 인간을 자신의 삶에 대한 자유와 스스로 책임감을 가진 주체적 존재로 이해하며 이를 통해 삶에 대한 의미추구, 선택과 책임 등의 정신적 차원을 강조하면서 동시에 타인과 함께 세계 안에 존재하는 주체임을 인정하는 것이다(Heidegger, 1962). 이와 같은 특성을 Jean-Paul Sartre는 "실존은 본질에 앞선다"는 명제로 표현하였다. 이러한 명제는 인간 각자의 삶이 미리 계획된 우주의 질서, 이미 주어진 사회적 규범, 누군가에 의해 강제된 도덕적 판단기준에 따르는 존재이기에 앞서 스스로를 자신의 책임으로 형성해 갈 수밖에 없는 존재라는 것을 뜻한다. 객관적 실재보다 더 중요한 것은 세상이 자신과 관계를 맺었을 때의 의미이며, 주어진 갖가지 규범보다 더 중요한 것은 자기 상황에 맞게 자신이 자유롭게 선택하는 행위 혹은 스스로 정해서 지켜 가는 인격적 결단이다(한미희, 2009).

인간의 주체성에 대한 의미는 피상적으로 단지 자신이 살고 싶은 욕구대로 살아간다는 것보다는 훨씬 더 깊은 의미가 있다. 자유와 선택의 주체성은 '책임성'이라는 또 하나의 불가피한 측면을 포함하고 있다. '책임성'에 해당하는 영어 단어인 'responsibility'는 '응답하다'라는 'response'와 '능력'을 뜻하는 'ability'의 합성어로서 '응답할 수 있는 능력'을 의미한다. 책임성의 이러한 의미에는 타인 혹은 사회적 요구 및 기대에 응답하는 것을 포함하지만 무엇보다도 가장 기본적인 측면에서 보면 '자신이 진정으로 원하는 삶에 부응할 수 있는 능력'을 뜻하기도 한다. 이렇게 자신의 삶에 부응하는 책임성 있는 존재적 특성을 Heidegger는 '본래적(authentic)'이라고 하였다(한재희, 2019b).

그러나 실존의 개념에는 개별적이면서 주체성이라는 한 측면만 있는 것이 아니다. 실제에 있어서 실존은 관계성을 매우 중요시하고 있다. 실존주의 철학자인 Heidegger는 실존적 인간을 현존재(Da-sein)로 규명하며, 이를 세계 내 존재(In-der-Welt-Sein)로 설명하고 있다. 이러한 현존재는 어떤 사물처럼 단순히 어떤 공간에 독자적으로 놓여 있는 것이 아니라 삶의 세계 속에서 끊임없이 다른 실체들과 관계를 맺고 있는 특징이 있음을 강조하고 있다. 인간의 만남도 '만남'이라는 그 자체가 추구하는, 진정성을 가질 수 있는 의미에서 본래적일 수도 혹은 비본래적일 수도 있다. 실존적 개념으로 볼 때 본래적 만남은 서로가 진정성이 있으며 진솔한 관계적 특성을 지닌 만남을 의미한다. 실존주의 철학자 중에 Martin Buber의 '나와 너'의 관계, Emmanuel Levinas의 '환대로서의 만남'은 본래적 관계성에 대한 중요한 의미를 제공해 주고 있다. 이러한 인간 삶에 있어서 주체적 개별성과 관계성은 동전의 양면과도 같다(한재희, 2019b). 따라서 인간은 다른 사람들과의 관계 속에서 형성되는 공동의 존재(being-in-common)이기도 하지만, 궁극적으로는 매 순간 결단을 통해 자기 자신을 결정해 나가는 존재이기도 하다(박범석, 2004; 한미희, 2009).

실존철학의 개념을 바탕으로 발전한 실존주의 상담은 인간존재에 대한 기본적인 특성을 개인 '안'에서만 존재하는 것이 아닌 나와 너 그리고 개인과 '세상' 사이에서 존재하는 "세계 안의 존재"로 간주하기도 한다(Cooper, 2014). 따라서 실존주의 상담에서 주장하는 인간존재란 유일하면서도 유한한 존재, 타인과 함께하는 세계 안의 존재, 현재 속에 과거와 미래를 지니고 동시에 살아가는 존재, 그리고 정신적 세계를 지닌 존재라는 특성을 지니고 있다(Cooper, 2014; 한재희, 2019a). 이는 실존주의 상담이 기본적으로 상담자와 내담자와의 본래적 관계와 인간 내면의 주관적 세계에 대한 이해를 강조하고 있는 것이라 할 수 있다(한재희, 2019b; 한재희, 남지연, 2017).

관계성에 있어서도 인간은 항상 자기 외의 타인 또는 다른 무언가를 향한 헌신이나 지향성을 지니고 있다. 인간으로서 존재하는 것은 언제나 '스스로를 넘어서서 다른 대상에게 향한다'는 뜻이고 이러한 관계적 특성이 인간존재의 핵심이 된다(Frankl, 2017). Søren Kierkegaard에 의하면 실존하는 개인은 자기 자신과 관계하는 존재이고 자기 자신과 관계함으로써 타자와 관계한다고 하였다. Kierkegaard가 말하는 실존적 인간은 유한과 무한, 시간성과 영원성, 상대성과 절대성 사이에 있는 긴장의 실체이며 양극단 사이의 투쟁이고 종합이다(안병덕, 1997; 한미희, 2009). 인간에 대한 실존적 측면을 강조한 Frankl 역시 인간을 불변적이거나 고정적인 것이 아니라 개인이 상황에서 자유로운 실존적 선택과 결단을 통해 끊임없이 자기 자신을 조성해 가는 과정적인 존재이면서 타인을 향한 지향적 존재로 설명하고 있다(Frankl, 2017). Frankl은 이러한 타인지향적 존재로서의 인간을 자기초월이라는 개념으로 구체화하여 설명하고 있다.

자기초월은 인간존재의 핵심으로서 Frankl은 인간이 항상 다른 무언가를 향해 헌신하기를 원하며 자기 이전에 누군가로 향하는 태도라고 언급하였다. 자신이 아닌 타인에게 향할 때 인간은 행복

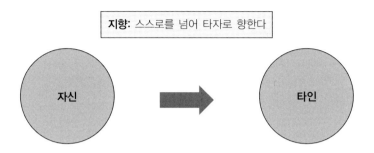

[그림 1-1] 타인지향적 존재

감을 느끼게 되는 것이다. Frankl은 인간이 된다는 것을 정의할 때 "의식 있는 존재" 또는 "책임 있는 존재"가 된다는 것과 함께 "모든 존재는 관계적 존재이다"라는 말에서 볼 수 있듯이 인간은 근본적으로 관계적 존재임을 밝히고 있다. 이와 같이 의미치료는 자유와 책임을 지니며 의미를 추구하는 정신적 존재일 뿐만 아니라 관계적 존재라는 이중의 인간학적인 전제 위에 기반을 두고 있다.

의미치료에 있어서 인간의 가장 기본적인 욕구는 '의미를 향한 의지(will to meaning)'로서 이 의지로 인해 인간들은 의미를 찾고 채우려 할 뿐 아니라 다른 사람과 관계를 맺고 사랑을 나누게 되는 것이다(Frankl, 2002). 이는 Freud의 정신분석에서 주장하는 '쾌락의 의지(will to pleasure)' 혹은 Adler의 개인심리학에서 주장하는 '권력에의 의지(will to power)'와는 뚜렷이 구별되는 것이다.

또한 Frankl의 의미치료는 인간을 이해함에 있어서 실존주의 철학의 주요 사상과 맥락을 같이하고 있지만, 특히 Max Scheler 의 현상학적 이론을 기반으로 하고 있다. Frankl은 Binswanger의

업적을 하이데거 학파의 개념들을 심리치료에 적용 가능하게 압축시킨 것이라고 한 반면에, 의미치료는 Max Scheler의 개념들을 심리치료에 적용한 것이라고 스스로 밝히고 있다(Frankl, 2005a). Scheler의 철학적 인간학(Philosophische Anthropologie)과 실질적 가치윤리학(Materiale Wertethik)이라는 개념은 Frankl에게 직접적으로 많은 영향을 주었다(박관수, 2015). 철학적 인간학이라는 개념에는 Uexküll이 언급했듯이 인간은 세계를 향해 개방되어 있는 존재라는 것을 포함하고 있다. 세계를 향한 개방성은 인간이 동물과 달리 폐쇄적인 환경세계에 머무르지 않고 계속해서 개방적인 세계를 추구하고 스스로 의미를 부여할 수 있는 자유로운 존재라는 것을 의미한다(박관수, 2015; 정인석, 2013). 이러한 인간 특유의 정신은 Frankl에게 있어서 당시 이데올로기로 변해 버린 Freud의 심리학으로부터 벗어날 수 있는 기회를 주었다.

또한 실질적 가치윤리학은 가치들 사이의 순위를 매길 수 있는 가치의 위계를 담고 있는데 이것은 Frankl의 차원적 존재론에 영향을 주었다(박관수, 2015). Frankl의 차원적 존재론은 인간을 신체적 차원, 심리적 차원, 정신(영)적 차원으로 구분하여 이해하는 것을 말하는 것으로서 자세한 내용은 다음 장에서 설명할 예정이다.

Scheler의 이론이 몇 가지 측면에서 Frankl에게 직접적으로 영향을 끼쳤던 사실을 종합해 보면, 첫 번째는 가치관에 관련된 것으로 사람은 삶의 가치를 직관적으로 경험하게 되는 존재로서 사람이 상황의 참 의미를 발견할 수 있음을 뜻한다. 두 번째는 인간은 신체, 심리, 영의 세 가지 측면을 가지고 있으며 무엇보다도 인간을 이해함에 있어서 영적 차원을 중심으로 통합적인 시각에서 인간을 바라보아야 한다는 점이다.

또한 Frankl의 의미치료는 Scheler의 이론을 기반으로 하여 인간의 심리적 현상을 현상학적으로 파악하고 있다. 현상학적으로 파악한다는 것은 인간의 심리적 현상을 어떠한 선입견도 없이 파악한다는 것을 뜻하며, Husserl의 선험적 현상학이나 Heidegger의 해석학적 현상학의 입장과 태도를 따른다는 것을 뜻한다. Frankl에게 있어서 현상학은 인간이 어떤 선입견에 의거하지 않고 실존을 근거로 스스로 이해하고 해석하는 방법이다.

Binswanger와 Boss의 현존재분석과 마찬가지로, Frankl의 의미치료도 Freud의 정신분석을 극복하려는 시도이다. 이러한 시도의 근간에는 보다 인간에 걸맞은 입장과 태도로 이해하고 해석하여 인간의 신경증을 보다 명확하고 빠르게 치료하려는 의도를 갖고 있다. 이를 위해 Frankl은 인간을 영(정신)적 차원에서 이해하고 해석하고자 하였다. 인간에게 있어서 정신적 차원은 인간의 고유한 현상들이 자리 잡고 있는 차원으로서 생물학적 차원이나 심리학적 차원으로부터 구별된다(손영삼, 2010). 이를 위한 방법으로 현상학적 안목은 현존재분석과 마찬가지로, 의미치료에서도 인간의 심리적 현상을 이해하고 해석할 수 있는 근원인 선험적 차원을 드러내는 열쇠이다. 이와 같이 Frankl의 의미치료는 내담자에 대한 현상학적 접근을 상담자의 기본적 입장과 태도로 삼았으며, Freud의 정신분석적 방법인 자연과학적 입장과 태도에 대한 반론을 제기하며 체계화되었다.

2) 정신분석학과 개인심리학의 영향

Frankl의 사상은 한편으로는 Freud의 정신분석학과 Adler의 개인심리학과의 논쟁이자 이 두 학파에 대한 비판적 입장에서 생겨났으며, 다른 한편으로는 다양한 철학적 인간학의 수용과 논쟁을 통해 형성되었다. 따라서 Frankl의 이론은 이 두 이론에 대한 비판적 시각에서 시작되었으며 인간을 쾌락이나 열등감으로 대체해 버리는 환원주의적 인간관의 한계를 발견하고 철학으로부터 도움을 얻고자 하였다.

Frankl이 더욱 결정적으로 영향을 받은 것은 Adler의 개인심리학이다. 책임성, 애착, 공동체감정, 권력추구, 목적성, 예술적 창조성 등 개인심리학의 이론적 토대에서, Frankl은 책임성, 목적성, 인간의 자기조형 가능성, 창조성의 개념을 받아들인 것이다(김정현, 2009; Riedel, Deckart, & Noyon, 2008).

실존주의는 현재에 강조점을 두지만 현재조차도 허무할 수 있다. 의미치료는 부인할 수 없는 삶의 허무성에 대해 인식하고 있지만, 이러한 허무함이 오히려 의미를 채울 수 있는 유일한 가능성이라는 것을 주장한다. 즉, 삶은 의미를 창조하고 경험하며 감내할 수 있는 기회인 것이다. 그런 가능성들이 실현되기만 한다면 삶은 더 이상 무상하지 않게 된다(Frankl, 2005b). Frankl은 이와 같은 특성을 삶의 지향적 개념으로 설명하고 있다. 이는 삶의 목적이 인간들의 삶에 놓여 있지 않다면 인간은 생각할 수도 느낄 수도 의지할 수도 행동할 수도 없다는 Adler의 입장과 깊은 연관이 있다.

Frankl은 심리치료에 있어서 Adler의 개인심리학을 정신분석보다 발달한 형태이자 진일보한 이론으로 인식하였다. 그는 인간의 책임성, 삶의 목적성, 창조성을 강조하는 Adler에게서 휴머니즘적 정신치료의 가능성을 발견하였다. 목적정향과 그로부터 생겨나는 인간의 자기책임성을 Frankl은 자신의 이론에서 정신적 인격의 삶을 조형하는 힘으로 계속 발달시켰다. 그는 Adler의 삶의 조형을 위한 책임성을 의미충족을 위한 책임감을 통해 보완함으로써 삶이나 자기 자신을 조형하기 위한 인간의 정신적이면서도 인격적인 잠재성을 인정한 것이다. 그러나 Frankl은 Adler의 개인심리학이 우월감, 공격욕, 권력욕, 미래적 창조성을 강조함으로써 Nietzsche의 철학을 신경증 치료로 이용한 것으로 인식하였다. 그는 비록 Adler의 개인심리학에서 삶의 조형성과 책임성을 강조하는 휴머니즘의 요소를 발견하였지만, 개인심리학 역시 자연과학으로 빠진 정신의학으로 간주하여 정신치료에서 재휴머니즘이 필요하다고 생각하였다(김정현, 2009). 결국 Frankl은 개인심리학 역시 정신분석과 마찬가지로 신경증을 단순히 병적으로 인식하고 있는 심리주의로 간주하였다. 이로 인해 개인심리학파로부터 소외당하고 스스로 결별하게 되었다.

Frankl의 의미치료는 인간의 근원을 실존으로 파악하였다. Frankl은 수용소를 통해 가장 처참하고 잔악한 환경을 직접 경험하면서 실존적 인간의 특성에 대해 확실한 신념을 지니게 되었다. 이는 인간이해에 있어서 Freud와 근본적인 견해 차이를 보인다.

Freud는 인간의 보편적 특성에 대해 강조하였다. 즉, 다양한 인간도 똑같이 배고픈 환경에 처하게 된다면, 개인적 차별성은 흐려지고 똑같이 요란한 충동의 표현을 드러낼 것이라고 가정하고 있다. 그러나 강제수용소를 경험한 생존자로서 Frankl은 인간이 상상을 초월하는 최악의 조건에도 저항하고 용감하게 맞서는 예측 불가능한 능력을 지녔다는 사실을 목격하였다. 인간은 궁극적으로 자신을 에워싼 조건들에 굴복하지 않는다. 그보다는 오히려 그 조건들이 인간의 결정에 의해 지배당하기도 한다. 의식하건 의식하지 못하건 간에 인간은 어떤 환경적 조건에 대해 맞설지 또는 포기할지, 조건에 의해 결정 당할지 또는 거부할지를 스스로 결정한다(Frankl, 2005b).

Frankl은 인간이 자유의지와 그것에 따른 책임을 가진 것으로 이해하고 해석하며, 인간의 자유와 초월을 현상학적 방법으로 이끌어 내었다(손영삼, 2010). 의미치료는 실존적 공허로 인한 정신적 질병을 치료한다는 점에서 심리치료일 뿐만 아니라 인간의 자유와 책임을 강조하는 인간학이며, 또한 삶의 의미와 지향성을 추구하는 철학적·윤리적 측면을 함축하고 있다(김정현, 2010). 이로 인해 Frankl은 무엇보다도 인간을 결정론적 관점으로 보는 것에 대해 반대하였다.

또한 그는 인간을 최악의 상황과 조건에서도 생존할 수 있으며, 존재에 대한 의미를 갖고 있는 한 학습하고 성장할 수 있는 존재라고 보았다(김춘경 외, 2010). 물론 삶이 Freud나 행동주의 심리학자들이 주장하듯이 아동기 때의 갈등이나 혹은 다른 어떤 외부

조건에 영향을 받는다는 사실 또한 부정할 수는 없지만, 그럼에도 불구하고 Frankl에 따르면 불행하고 절망적인 조건에 대응할 수 있는 자유를 지니고 있다는 것이다. 이때 Frankl이 말하는 자유는 어떤 태도나 운명에 대처하는 방법을 선택할 수 있는 자유 그리고 자기의 길을 선택할 수 있는 자유를 의미한다. Nietzsche가 "살아갈 이유가 있는 삶은 어떤 현실도 견뎌 낸다"라고 언급했듯이, Frankl은 피할 수 없는 고통과 같은 삶의 비극적이고 부정적인 요소들까지도 인간이 운명을 받아들이는 태도 여하에 따라 비극적 상황을 의미 있는 상황으로 변화시킬 수 있다는 점을 강조한다. 따라서 Frankl의 의미치료 이론에서는 과거 지향적인 정신분석학과는 달리 미래적 관점에서 삶의 의미가 있다는 것을 확신하고, 그 어떤 절망적인 상황에서도 의미는 존재하며, 그 의미를 발견하는 데 인간은 자유로우며 충분한 책임이 있다는 것이다.

2장
의미치료의 인간이해

어느 누구도 '인간이란 어떤 존재인가'라는 물음에 쉽게 답하고 설명할 수 없다. 이는 인간이란 존재는 결코 단순하지 않기 때문이다. 역사적으로 철학을 비롯한 다양한 학문에서 수많은 학자들이 인간존재의 본질적 특성을 규명하기 위해 끊임없는 논쟁을 벌여 왔다. 이러한 관점에서 인간을 이해하는 철학적 관점은 여러 가지로 구분될 수 있으며, 상담에서도 이러한 인간의 심리 혹은 정신에 대한 철학적 관점에 따라 각각의 이론적 특성을 발전시키고 구체화하였다.

인간의 정신에 대한 철학적 입장을 살펴보면 고대철학의 Democritos는 정신적 활동을 원자의 활동으로 정의하였다. 또한 계몽주의 철학자들 중 프랑스의 철학자인 La Mettrie와 Cabanis 등은 인간의 정신을 육체와 하나로 취급하며 인간의 정신활동이 신체적 활동에서 비롯됨을 주장하였다(강성률, 2009). 이러한 유물론적 입장은 정신의학적 입장에서 잘 나타난다. 이는 인간의 심리적인 문제가 근본적으로는 생물학적 요소인 뇌 혹은 신경전달 물질 등의 신체적 이상으로 말미암은 것으로 여김으로써 의학적 차원의 접근을 필요로 하는 것임을 알 수 있다.

반면, 이성주의(rationalism) 입장을 주장한 R. Descartes는 인간을 이해함에 있어서 이원론(dualism) 입장을 취하였다. 그는 정신을 육체의 부속적 차원이 아닌 별개의 실체로 보았다. 즉, 인간의 정신은 육체의 기계적 운동을 작동시키는 주체로서 인간 의식의 절대성을 주장하였다. 인간 정신에 대한 Descartes의 이성주의적 철학적 가설은 인지적 사고가 행동과 감정의 원인이 된다는 인지치료 및 합리정서행동치료 등과 같은 상담이론을 발전시켰다.

또한 영국의 철학자 John Locke는 경험주의(empiricism) 견해를 밝힘으로써 인간의 환경결정론적 입장을 제시하였다. Locke에 의하면 인간은 선천적으로 결정된 어떠한 특성도 소유하지 않는 백지(tabula rasa) 상태로 태어난다는 것이다. 인간의 마음은 무(無)의 상태로 태어나며 자신이 속한 환경 내에서의 경험에 따라 정신이 발현되고 경험의 내용에 따라 서로 다른 사고와 감정을 갖게 되는 것이다. 이러한 Locke의 철학적 영향은 학습이론의 원리와 재교육과정의 특성을 통해 행동주의적 접근의 상담이론으로 구성되어 있다(한재희, 2012).

Jean-Jacques Rousseau는 Locke와는 달리 인간에 대한 자연주의(naturalism) 관점을 발전시켰다. Rousseau는 인간은 태어날 때부터 이미 각자에게 알맞는 독특한 잠재적 능력을 지니고 있으며 태어날 때의 순수한 감정적 상태를 이상적으로 보았다. 따라서 Rousseau에 의하면 개인의 독특한 내재적 성장 잠재력은 교육에 의해 의도적이고 계획적으로 통제되거나 억압받지 않을 때 자연스럽게 최상의 발달을 기대할 수 있다는 것이다. 인간 정신에 대한 이러한 관점은 인간의 자아실현경향성을 가장 기본으로 삼고 있는 Rogers의 내담자중심상담을 통해 잘 나타나고 있다.

인간에 대한 실존주의(Existentialism) 관점에서는 이성철학과 실증주의에 대한 반발로서 무엇보다도 각 개인의 주체성을 강조하였다. 실존주의자들은 정신의 보편성을 강조한 Hegel의 철학사상에 반대하고, 인간 정신이 지닌 개별적이며 고유한 주체적 특성을 강조하였다. 이러한 인간의 정신에 대한 실존주의적 관점은 상담에서 인간의 본래적 주체성과 진솔한 관계, 의미, 영성, 선택과 책임성 등을 강조하는 실존주의적 가치관을 구성하고 있다.

의미치료의 인간관은 기본적으로 실존적 존재로서의 인간을 바탕으로 하고 있지만 가장 핵심적으로 인간은 최악의 조건에서도 영적인 자유와 존엄성을 유지하는 능력을 가진다는 영적 차원에 대해 강조한다는 것이다. Frankl은 자신의 수용소 경험과 인간에 대한 깊은 관찰을 통해 이러한 인간의 영적 차원을 확인하였다. 인간에 대한 그의 관점은 실존철학을 바탕으로 실행했던 자신의 초기 실존분석(existenz analyse)보다는, 2차 세계대전 후 의미치료가 체계화되었을 때 인간의 특성에 대해 더욱 명료한 입장을 취하고 있다. Frankl은 나치의 수용소 경험을 통해 인간이 신체적 및 심리적 특성과는 별개로 영적인 자유에 대한 갈망이 있고, 이로 인해 참혹한 상황에서조차도 인간의 존엄성이 유지될 수 있다는 사실을 직접적으로 관찰하여 입증하였다. Frankl은 인간의 영적 자유는 어떤 상황에서도 결코 빼앗길 수 없으며 이러한 영적 차원의 자유가 인생을 의미 있고 가치 있게 만든다고 주장하였다.

인간이란 자신에 대한 반성뿐 아니라 영적 영역으로 들어가는 존재이다. 다시 말해, 인간존재의 필수 불가결한 요소인 '의미'와 '가치'를 만들기 위해서는 영적 차원이 고려되어야 한다. 이러한 인간의 영적 차원이란 의미에의 의지, 목표지향성, 사상과 이상, 창의성, 상상력, 신념, 육체를 초월한 사랑, 몰입, 유머감각, 선택의 자유와 같은 자질들을 말한다(Fabry, 1985). 의미치료에서 기반으로 하고 있는 인간에 대한 이해는 실존적 존재로서의 인간적 특성과 차원적 존재론을 중심으로 하고 있다.

1. 실존적 존재로서의 인간

의미치료는 기본적으로 실존주의적 관점에서 인간을 이해하고 바라보고 있다. 의미치료에서 강조하는 실존적 관점에서의 인간에 대한 핵심적 특성을 크게 분류해 보면 영성적 존재, 자유적 존재, 책임적 존재, 자기초월적 존재로 나누어 설명할 수 있다.

1) 영성적 존재

의미치료에서 사용하는 '영적'이라는 용어는 종교적 의미이기 보다는 단지 인간만이 지닌 독특한 차원의 현상을 나타냄을 뜻한다. 따라서 Frankl이 언급하는 영적 차원은 종교적 특성을 의미하는 것이 아니라 인간 특유의 정신적 차원을 설명하는 것이다(Frankl, 2002; 박관수, 2015). 단적으로 말하면, 영적인 것은 인간 안에 존재하는 정신을 뜻하는 것으로 인간에게만 있는 고유한 현상들의 차원이자 인간을 인간답게 하는 것이라 할 수 있다. 그 현상들 속에 인간 실재를 가장 뚜렷하게 대표할 수 있는 현상을 Frankl은 인간의 의미추구라고 주장하였고 종교는 인간의 궁극적 의미추구라고 정의하였다.

Frankl은 영성에 대한 의미를 인간 심리의 무의식을 중요하게 여기는 심층심리학에 포함시켰다. 따라서 영적인 것은 무의식적일 수 있다. 더구나 실존은 본질적으로 무의식적이다. 실존의 근본은 완전히 겉으로 드러나는 법이 없고 드러날 수도 없으며, 그 자체를 완전히 파악할 수도 없기 때문이다. 그러나 무의식과 의식의 경계는 매우 모호하고 상호유동적이다. 무의식과 의식 사이에는 끊임없는 왕래가 있다. 무의식과 의식의 경계가 명확하지 않듯 영적인 것과 본능적인 것 사이의 경계도 역시 분명하게 구분할 수 없다. 이에 대해 실존분석가인 Binswanger 역시 본능과 영성을 측정하기 어려운 개념이라고 설명하고 있다.

인간의 실존은 영성적(정신적)이기 때문에 그것을 의식과 무의식으로 구분하기보다는 삶의 현상이 영적인 것인지 혹은 본능적인 것인지를 살펴보는 것이 더 중요하다. 왜냐하면 인간이 된다는 것은 정신분석이 강조하는 충동적 존재가 되는 것이 아니라 개인 각자가 원하는 존재가 되기로 선택하는 것이기 때문이다.

영성적 존재로서 인간이 된다는 것은 책임 있는 존재, 즉 자신의 실존에 대해 책임을 지는 존재가 된다는 것을 의미하는 것이다. 이는 Jaspers의 표현에 의하면 결단하는 존재(entscheidendes sein)이며, Heidegger가 언급한 실존적 존재로서의 인간인 현존재(Dasein)와 유사한 개념이라 할 수 있다. Frankl은 수용소에서의 체험을 통해 극한의 상황에서조차도 사람이 자기 행동의 선택권을 가질 수 있다는 것을 강조하였다. 그는 가혹한 정신적, 육체적 스트레스를 받는 그런 환경에서도 인간이 정신적 독립과 영적 자유의 자취를 간직할 수 있다는 사실을 관찰하였다(Frankl, 2012). 또한 그는 심리치료의 과정에서 이러한 자기행동의 선택권을 통해 내담자들이 무감각 증세를 극복하고 불안감을 뛰어넘는 사례들을 입증하였다.

인간의 영적 현상들은 무의식적일 수도 있고 의식적일 수도 있지만, 인간 실존의 영성이 지니는 근원은 궁극적으로 무의식적이라 할 수 있다. Frankl은 이와 같은 현상을 강제수용소에 갇힌 사람들의 반응과 자신의 경험을 세밀하게 관찰함으로써 확신하였다. 이러한 상상할 수 없는 삶의 고통 속에서 이들은 기본적으로 쇼크반응에 이어 심각한 무감동이 지배하게 되는 반응을 보였다. 이러한 무감동의 반응은 정신분석적 용어로 표현하면 일종의 자기방어 기제라 할 수 있다. 이는 참혹하게 고통스런 환경 속에서 적응해야 하는 심리적 현상으로, 의식이 약화될 뿐만 아니라 인간의 감성적인 영역이 낮은 수준으로 내려가는 퇴행적 특성으로 이해할 수 있다. 내일이 없는 수용자들에게 모든 에너지는 단지 주어진 그날 하루만을 위해 활용되며 수용소 생활에서는 개인적인 고상한 취미뿐만 아니라 기본적인 욕망조차도 감퇴되고 만다. 그러나 이들이 보이는 현상 가운데 예외적으로 정치적 관심과 종교적 의식만은 나날이 높아진다. 그 외 다른 요소들은 문화적 동면 상태에 빠져들게 된다(Frankl, 2002).

인간은 가스실을 통해 수많은 사람들을 처참하게 몰살하는 동물적 공격성의 가능성을 가진 존재인 동시에 오히려 기도하며 가스실로 의연히 들어가는 성자의 수준까지 올라가는 가능성을 지닌 존재이다. 이러한 현상들을 직접적으로 목격하면서 Frankl은 무의식의 범위를 확장시켰는데 무의식을 무의식적 본능과 무의식적 정신으로 구분하였다(Frankl, 2013). 무의식적 정신의 심층에서 위대한 실존적 무의식의 결단이 이루어지며 그 결과 인간의 책임성은 무의식적 근저까지 도달하게 된다. 이는 의식적 책임성 외에 무의식적 책임성도 존재한다는 사실을 보여 주는 것이며, 더 나아가 무의식적 종교심까지 도달하게 된다.

의미치료의 이론적 형성에 영향을 준 또 하나의 요인은 태어날 때부터 몸과 마음에 스며 있는 Frankl의 종교적 배경이다. 그의 부모는 모두 신실한 유대인이었고 Frankl의 종교적 신념들은 그의 이론적 신념을 뒷받침하였다(Tengan, 1999). 그는 '무의식의 신'

이라는 말을 사용했으며 이 말은 신이 인간의 무의식 속에서 드러내고 인간과 신의 관계가 무의식 속에서 이루어질 수 있다는 것을 뜻한다(Frankl, 2013). 이 무의식적 종교심은 본래부터 인간 안에 주어져 있는 초월성과도 밀접한 관계를 지닌 개념이다.

2) 자유적 존재

무엇보다도 인간은 자유를 지니고 있는 존재이며 이는 모든 상태로부터의 자유가 아니라 특정한 상태에 대해 어떤 태도를 취할 수 있는 자유를 의미한다. 본질적으로 인간은 한계를 지닌 유한한 존재로서 자신이 결코 바꿀 수 없는 상황 또는 물리적으로 제한된 환경으로부터 완전히 해방될 수는 없다. 그러나 이러한 상황이나 환경에 대해 어떠한 태도를 취함으로써 결단을 할 수 있는 자유는 가능하다. 다시 말해, 인간의 자유는 어떤 상황에서의 해방이 아니라 태도를 취하는 자유로서 책임이나 양심적 존재로서의 자유를 의미한다. 따라서 의미치료에서 인간은 본능이나 유전적 성향, 그리고 주변 환경에 의해 완전히 예속되거나 조건화되는 존재가 아니며 삶의 특성도 결정되어 있지 않음을 강조한다.

기본적으로 인간은 다양한 상황 앞에서 어떠한 태도를 취할 것인지 결정할 수 있는 자유의지를 지니고 있다(Fabry, 1985). 인간은 그 자신이 주어진 조건에 굴복할 것인지 아니면 용기를 내어 맞설 것인지를 결정할 수 있는 것이다. 이는 인간이 궁극적으로 자기 스스로 결정권을 지니고 있기에 단순히 사물처럼 존재하는 것이 아니고 어떤 환경이나 상황에서 자신의 모습과 태도 및 행동을 스스로 결정하는 실존적 차원에서 존재하기 때문이다. 앞서 언급하였듯이 인간의 자유는 한정된 자유로서 본능이나 유전적 특성 그리고 환경적 조건으로부터 완전하게 자유롭지는 못하다. 단지 인간은 조건들에 대해 자유롭게 맞설 수 있기에 그 조건들이 인간을 완전히 굴복시킬 수는 없다. 그 한계 내에서 조건에 굴복하느냐, 조건을 극복하느냐를 선택하는 것은 인간 자신에게 달려 있다. 실존적 차원으로 들어서기 위해서 인간은 당연히 그 조건들을 뛰어넘고 초월함이 필요한 것이다(Frankl, 2005b).

따라서 인간이 지닌 고유한 특성인 개인의 자유는 동전의 이면처럼 책임을 수반한다. 인간은 어떠한 환경에 처해 있을지라도 자신의 자유를 통한 선택에 대해 책임을 다하려고 노력하며 이를 의식하며 살아간다. 그러므로 의미치료에서 인간이 어떠한 선택을 하든 간에 이는 각자가 자유의지를 지녔다는 것을 의미하는 것이지만 동시에 선택만으로 끝이 아닌 그 선택에 따른 책임을 받아들여야 함을 강조한다. 그리고 이러한 모든 일련의 과정은 자신의 양심과도 관련되어 있다는 사실을 직시하고 있다(윤순임 외, 2005; Frankl, 1966). 여기서의 양심은 이념이나 어린 시절부터 학습되어 형성된 허위적 양심(Fabry, 1985)이 아닌 인간성에 기초한 본질적이고도 인류애적인 보편적 양심을 의미한다.

이상과 같이 인간의 자유가 지닌 독특한 특성은 자신의 태도를 결정할 수 있는 자유라는 것에 있다. Frankl은 무의식이 인간의 행동을 결정한다는 Freud의 견해를 개인이 지닌 자유라는 특성을 부정하는 것으로 인식하였다. 따라서 그는 Freud의 이론을 범결정론(pan determinism)으로 보고 이를 비판하였다. 인간은 절박한 상황에서도 궁극적인 의미를 추구하기 위해 오히려 기본적인 욕구를 초월할 수 있는 의지를 발휘할 수 있다. 정신적 존재인 인간은 다양한 상황 속에서 자유의지에 의해 자신의 태도를 결정할 수 있으며 절망적인 상황 속에서도 인간의 존엄성을 잃지 않고 의미를 추구하고자 하는 근본적인 동기를 가지고 있다(이정렬, 2015).

또한 자유의 독특한 특성은 인간 스스로가 자신을 초월할 수 있는 능력을 지니고 있다는 의미를 내포하고 있는 것이다(Frankl, 2005b). 그러나 인간의 자유는 진공상태 속에서 자유로이 떠다니거나 물 위를 걸어 다니는 등 초자연적인 특성을 의미하는 것이 아니고, 많은 물리적 제약과 상황적 한계의 한복판에서 추구하는 자유다. 이 모든 한계는 자유를 위한 출발점으로서 인간의 자유는 제약을 전제로 한다. 만약 실존적 차원에서 인간을 정의하려고 한다면 자신의 한계로부터 이미 스스로를 자유롭게 하고 있는 것이라고 정의해야 한다. 즉, 인간은 모든 한계와 제약에 영향을 받으면서 이를 극복하거나 적응하기도 하면서 또는 자신의 태도를 새롭게 형성해 가면서 초월하는 것이다. 이는 인간의 변증법적인 특성을 나타내는 것으로서 인간은 현실 속에서 본래적 자기가 될 수 있다는 가능성을 드러내는 것이다. 이러한 특성은 Jaspers가 말한 것처럼 인간은 결정하는 존재 또는 결단하는 존재인 것이다. 이러한 특성이 단순한 물질적 존재가 아닌 바로 인간이 지닌 실존적 특성이다. 내 앞에 있는 책상은 누군가 다른 사람에 의하여 움직

여지지 않으면 언제까지나 그대로 그 자리에 있을 것이다. 그러나 그 책상 곁에 나와 마주 앉아 있는 사람은 다음 순간에 있는 것을 얘기하거나 침묵하는 것을 결정할 수 있다(Frankl, 2002).

Frankl은 수용소 생활을 통해 인간의 내면적 자유는 그 어떤 환경이나 조건에서도 빼앗길 수 없는 각 개인의 고유한 영역이라는 것을 확신하였다. 비록 소수의 사람들에 불과했지만 몇몇 사람들은 강제수용소의 박해자들이 다른 건 다 강탈할 수 있어도 인간이 가진 마지막 자유, 즉 주어진 상황에서 또 다른 태도를 가질 수 있는 자유만큼은 결코 빼앗을 수 없다는 사실을 경험적으로 입증하였다(Frankl, 1996).

의미치료는 인간의 생물학적 본능에 초점을 두기보다는 전인적 존재로서 인간에 대한 실존적 차원, 즉 인간이 '자유의지'와 '의미'를 추구하며 인간답게 살아가고자 하는 욕구에 대해 주목한다. 적극적인 삶을 살아가는 사람은 창조적인 일을 통해 가치를 실현할 기회를 갖는다. 또한 즐거움을 추구하는 소극적인 삶 역시 인간에게 아름다움과 예술, 혹은 자연을 체험케 함으로써 충족감을 얻을 수 있는 기회를 제공한다. 그러나 이 두 가지를 상실하여도 인간은 운명과 그에 따르는 시련을 받아들이는 과정을 통해 자기 삶에 보다 깊은 의미를 부여할 수 있는 폭넓은 기회를 제공한다. 자신의 삶을 품위 있고 용감하게 만들거나, 반대로 인간으로서의 존엄성을 내던지고 동물과 같은 존재가 되는 것에 대한 선택적 결정은 자신에게 있다. 따라서 인간은 자신의 시련을 가치 있는 것으로 만드는 것에 대한 결정을 하며 이로 인해 삶에 있는 시련조차도 때때로 중요한 의미를 지니게 되는 것이다(Frankl, 2012).

의미치료는 이러한 인간의 정신적 차원의 기본적 특성인 자유에 대한 개념을 심리학적 기질과 병리학적 측면까지 확장하여 적용한다. Frankl은 유전성조차도 인간이 '자신'이라는 집을 세우는 데 있어서 집을 짓기 위한 자재에 불과하다고 비유한다. 즉, 유전성은 '자신'이라는 집 자체가 아닌 건축가가 필요에 따라 거절하거나 거부할 수 있는 돌이나 목재와 같은 재료가 되는 것이다(Frankl, 2005b). 더욱 중요한 것은 각 개인이 자신의 집을 짓는 건축가로서 자유를 지니고 있다는 것이다.

3) 책임적 존재

인간이 책임적 존재라는 것은 자신을 어떤 사람으로 만드는가에 대한 책임이 스스로에게 있음을 의미한다. 이는 어떤 사람도 기본적으로는 자유롭게 자신의 삶의 특성을 형성할 수 있기 때문이다. 자유와 더불어 책임성은 실존적 인간의 가장 중요한 특성이라 할 수 있다. 따라서 실존적 존재로서 인간은 누구든지 자신과 자신의 삶의 특수한 의미를 실현할 책임이 있다. 일반적으로 대부분의 사람들은 자신이 문제에 부딪힐 때 궁극적으로 자신의 삶에서 가장 최선의 답을 찾고자 하는 스스로의 책임감을 느낀다(윤순임 외, 2005).

실존주의적 입장에서 책임성은 궁극적으로 인간의 실존 곧 Heidegger가 언급한 본래적 존재로서의 특성으로 이해된다.

Frankl이 실존분석이라는 용어를 처음으로 도입한 1938년 당시 철학은 실존이라는 말을 책임적 존재라는 특수한 존재양식을 표현하기 위해 사용되었다. 실존분석은 이러한 책임성을 실존의 중요한 본질로 강조하였으며, 의미치료에 있어서도 책임성을 인간 존재의 핵심적 요소로 봄으로써 인간이 자기 책임을 통해서 삶을 유지해야 한다는 것을 강조한다.

책임성이라는 개념은 삶의 의미에 대한 질문으로부터 시작된다. 그러나 Frankl에 의하면 인간은 '삶의 의미가 무엇인가'라는 질문을 던지는 자이기보다는 오히려 그 반대인 질문을 받는 자라는 것이다. 앞 장에서도 언급했듯이 인간에게 가장 중요한 것은 '내가 삶에서 무엇을 기대하고 있느냐?'가 아니라 '삶이 나에게 무엇을 기대하고 있느냐?' 하는 것이다. 개인의 삶 자체가 각 사람에게 물음을 던지고 있으며, 각 개인은 자신의 삶으로부터 제기된 물음, 즉 어떠한 태도를 갖고 자신의 삶을 살아갈 것인지에 대답하고, 삶에 책임을 져야 하는 존재인 것이다(김정현, 2010). 삶이 각 개인에게 이러한 질문을 던질 때, 불가피하게 그는 자신의 삶에 대답하고 책임을 지고 응답해야만 한다. 따라서 삶의 질문에 대한 응답은 필연적인 행동으로 나타난다. 또한 삶의 질문으로 말미암은 책임성은 언제나 자신과 상황에 대한 지금-여기(here and now)에서의 응답을 의미하고 있다(Frankl, 2013). 결국 인간은 지금-여기에서 삶의 의미를 실현해야 할 책임이 있으며, 인간의 주체성도 책임성 있는 존재양식을 통해서만 확보될 수 있는 것이다.

Frankl은 각 개인의 존엄성을 형성하는 사고 혹은 의식을 책임성이라 하고, 이 존엄성을 유지하느냐, 아니면 손상시키느냐는 각 개인에게 달려 있다고 보았다. 그런데 그는 아이러니하게도 인간의 책임성을 만들어 내는 것이 바로 실존의 허무성이라고 하였으며 이 허무성을 존재의 본질로 보았다. 만약 인간이 죽지 않는다면 모든 것을 연기해도 무방할 것이다. 즉, 어떤 일도 지금 당장에 할 필요가 없게 될 것이다. 그러나 인간은 허무성의 충동과 압력으로 말미암은 것이 아닌 자신의 삶에 책임을 질 수 있을 때 비로소 진정한 실존적 존재가 되는 것이다(Frankl, 2017). Frankl은 인간의 진정한 실존은 자기 자신을 결정하는 책임적 순간에 나타나는 것이지 본능(Id)이 충동적으로 나타할 때 드러나는 것이 아님을 강조하고 있다.

삶의 의미는 개인에 따라, 시기에 따라, 또는 시간에 따라 다르다. 따라서 중요한 것은 포괄적인 삶이 의미가 아니라 어떤 주어진 상황 속에서 한 개인의 삶이 갖고 있는 고유한 의미라고 할 수 있다. 사람에게는 누구나 구체적인 과제를 수행할 특정한 일과 사명이 있다. 각 개인에게 부과된 임무는 거기에 부가되어 찾아오는 특정한 기회만큼이나 유일한 것이다. 삶에서 마주치게 되는 각각의 상황이 한 인간에게는 도전이며, 개인 자신이 해결해야 할 문제를 제시하기 때문에 실제로는 삶의 의미가 무엇이냐를 물어볼 필요가 없다. 단지 개인에게 삶의 의미는 삶의 상황 속에서 발견되어야 하는 것이다. 또한 무엇보다도 이런 질문을 던지고 있는 사람이 바로 '자기'라는 것을 인식해야만 한다. 다시 말해, 인간은 삶으로부터 질문을 받고 있으며, 그 자신이 삶에 대해 '책임을 짊으로써'만 삶의 질문에 대답할 수 있다(Frankl, 2012). 결국 자유가 전체적 인간 현상의 주관적인 측면이라면 책임은 그 객관적인 측면이고, 이 자유는 책임을 통해서 완성되어야 한다. 태도를 취하는 자유는 책임을 지는 자유로 변화되지 않으면 결코 완성되지 않는다는 것이다(한재희, 2012).

4) 자기초월적 존재

초월이라는 언어적 개념은 넘어서거나 올라가는 의미를 지니고 있다. 그렇기에 초월은 신비롭고 그것을 경험할 때 일상이 아닌 한 차원 높은 세계를 경험하는 듯한 느낌을 받기도 한다(Smith, 2019). 자기초월은 Frankl의 의미치료에서 인간의 중요한 존재적 특성으로 나타난다. Frankl의 자기초월은 인간으로 존재한다는 본래적 의미를 나타내며, 인간으로 존재한다는 것은 곧 실존하면서 자기를 초월한다는 의미를 내포하고 있다. 그러나 자기초월은 인간이 생물학적 차원이나 심리학적 차원이 아닌 다른 차원에서 존재한다는 것을 의미한다. 이 다른 차원이 정신적 차원이며, 의미와 가치의 차원이다(손영삼, 2010). Frankl의 실존은 언제나 자아성찰이나 자아실현에 머무르는 자신에 있지 않고 오히려 어떤 일을 실행하거나 다른 사람과 관계를 맺음으로써 완성되는 존재라는 자기초월적인 삶을 사는 존재임을 강조한다. Frankl의 자기초월은 Jaspers 자기초월이나 종교적 의미의 초월과는 다른 의미를 지니고 있다(Frankl & Kreuzer, 1998). 그에게 있어서 자기초월은 인간존재가 언제나 자기 아닌 외부의 어떤 것을 지향하고 있는 것을 뜻한다. 인간은 자기 자신과는 다른 어떤 것, 즉 자기 자신의 단순한 표상을 넘어 타인이나 과제, 가치나 의미를 향해 가려는 존재로서의 초월이다.

Frankl의 경험에 의하면, 수용소에서 살아남고자 하는 가장 큰 동기는 미래를 지향하는 태도였다. 수용소에서 살아남은 생존자들은 자신들이 바라보고 있는 미래에 자신들이 원하는 일이나 사람이 존재하고, 혹은 스스로 어떤 의미를 만들면서 자신의 삶의 의미를 만드는 사람들이었다. 이것이 전하는 메시지는 인간의 생존은 '무엇을 위해서(what for)' 또는 '누구를 위하여(whom for)'라는 지향점에 좌우된다는 것이다. 인간존재란 자신이 아니라 어떤 사람이나 어떤 대상을 항상 지목하고 지향한다. 즉, 자신이 채워야 할 의미나 함께해야 할 사람, 혹은 보살피거나 사랑해야 할 이유를 지향한다. Frankl에게 있어서 인간은 이런 실존을 향한 자기 초월적인 삶을 살았을 경우에만 진정한 인간이 되며, 진정한 자신이 될 수 있다(Frankl, 2005b).

인간의 성숙과 삶의 회복을 위한 가장 중요한 요인으로 '나와 너'의 인격적 관계를 강조한 Martin Buber와 Ferdinand Ebner는 인간이 기본적으로 존재 대 존재의 실존적 대면과 직면을 통해 진정한 만남을 이룰 수 있음을 강조하였다. '현존재분석(daseinanalyse)'을 통해 심리치료를 시도했던 Binswanger 역시 심리치료에 있어서 상담자와 내담자의 관계에 대한 중요성을 강조하였다. 그러나 Frankl은 이들이 강조한 너와 나의 만남이 결코

완전할 수 없고 인간은 이것을 넘어선 또 다른 차원으로의 도달이
필요하다고 강조하였다. 이것은 인간이 누군가를 지향하는 것, 즉
누군가를 사랑하고 그것에 대한 지각과 인식을 통해서 자신을 초
월하여 타인으로 도달하는 자기초월적 존재임을 강조하고 있는
것이다. 이것은 인간이 의미를 추구하는 과정을 통해서만 가능한
것이며 기존의 '나와 너'의 상호적 관계를 넘어서는 것이다. 따라
서 Frankl의 의미치료는 심리치료를 위해 기존의 존재론적 분석
보다 한 차원 더 나아가서 문제해결에 보다 더 적극적이고 '나와
너'의 외부에 존재하는 존재적 의미가 무엇인지를 밝히는 데 더욱
초점을 두고 있다([그림 2-1] 참조).

무엇보다도 인간이 실존적일 수 있는 것은 자기초월능력이 있
기 때문이다. 이러한 자기초월성은 의미치료와 관련하여 Frankl
의 관점을 떠오르게 하는 주요한 특징이다. 인간으로 존재한다는
것은 곧 성취해야 할 의미와 실현시켜야 할 가치 안에 존재하는

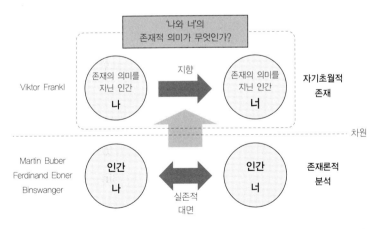

[그림 2-1] 자기초월적 존재의 인간관계

것을 의미한다. 그것은 주어진 현실과 실현시켜야 할 이상 사이에 조성된 긴장 안에서 산다는 것을 의미한다(Frankl, 1967; Frankl, 2017). 결국 인간은 이상과 가치로 세상을 살아가며, 인간 존재가 이러한 자기초월의 견지에서 영위되지 않는다면 진정한 존재라고 할 수 없다(Frankl, 2017).

사람들이 뉴스를 통해 나오는 사건이나 사연들을 통해 기쁨이나 슬픔을 느끼는 것은 이러한 삶의 의미에 대한 질문과 자기초월성에 대한 단순한 예라 할 수 있다. 또한 대부분의 사람들이 자신들의 아픈 가족을 간호하거나 직장에서 온갖 스트레스를 받음에도 불구하고 가족을 돌보기 위해 견디는 것을 가치 있게 여긴다. 그 이유는 그러한 행동들이 자신의 삶에서 나름대로의 의미가 있기 때문이며 더 나아가 달성하고자 하는 가치가 있기 때문이다. Frankl에게 있어서 이러한 가치의 세계는 그것을 지향하는 행위에 대하여 필연적으로 초월적이라 할 수 있다(Frankl, 2002).

자기초월과 관련하여 Frankl이 제시하는 핵심적인 특징은 인간 실존의 정신적 차원과 자기성찰에 대한 가능성을 들 수 있다. 무엇보다도 인간은 정신적 차원에서 스스로를 초월한다. 다시 말해, 인간은 생물학적 차원이나 심리학적 차원이 아닌 다른 차원으로 실존을 통해 초월한다. 이와 같은 Frankl의 입장은 인간의 신경증 가운데 심리요인적(psychogenic)이거나 신체요인적(somatogenic)이지 않은 또 다른 요인으로 말미암은 신경증을 진단하고 치료하기 위한 열쇠를 찾으려는 데서 출발하였다. 신체적 차원이나 심리적 차원에서 파악되지 않는 신경증은 의미를 찾으려는 의지의 좌절, 실존적 좌절 또는 실존적 공허에서 비롯되는 것이다. 이와 같은 인간의 심리적 상황을 이해하고 해석하기 위해서 Frankl은 인간의 실존을 정신적 차원의 근원으로 파악한다.

이런 정신적 차원과 관련된 의미는 자신의 삶의 현장에서 발견되는 것이지 만들어 내는 것이 아니다. 즉, 의미는 타인으로부터 주어지는 것이 아니라 찾아지는 것이다. 비록 의미가 주어진다 하더라도 그것이 아무런 근거 없이 발생되는 것이 아니라 개인의 삶에서 스스로 어떤 질문에 대한 해답을 얻는 방식으로 주어지는 것이다. 삶에 있어서 각각의 질문에는 그것에 가장 적절하게 해당하는 답이 존재하며 각각의 상황에 대한 유일한 의미가 바로 삶의 상황에서의 진정한 의미라 할 수 있다(Frankl, 2012). 사람들의 경험을 아무런 편견 없이 경험적인 방식으로 묘사하는 현상학적 분석 역시 정말로 의미가 주어지는 것이 아니라 발견되는 것이라는 사실을 보여 주는 예라 할 수 있다.

자기초월과 관련하여 Frankl이 제시하는 또 다른 특징은 자기성찰을 위한 가능성으로서의 자기초월이다. 이때 자기초월은 인간이 자신과 거리를 둘 수 있는 능력이 있음을 뜻한다. 이는 인간이 자기 자신을 객관화시킬 수 있다는 점에서 자신에 맞서 대항할 수도 있고 또 필요에 따라서는 자신을 거부할 수도 있는 정신의 저항능력을 말한다(Frankl, 2002). 인간은 무엇보다도 자기 자신을 인식하고 성찰하며 더 나아가 자기 자신과 대면할 수 있는 존재이다. 이것은 실존적 존재로서 매우 중요한 특징이다. 이러한 것은 주관적인 자신을 객관화시킬 수 있는 능력과 결부되어 나타난다.

이는 개인 자신의 가치와 의미를 수반하게 되며 자기초월의 특성을 통해 이루어진다.

〈표 2-1〉 실존적 존재로서의 인간

1	영성적 존재	종교적 차원을 포함한 인간만이 지닌 모든 정신적 차원의 존재
2	자유적 존재	특정한 상태에서 취하게 되는 태도결정에 대한 자유를 지닌 존재
3	책임적 존재	삶의 의미를 실현하고 자신의 선택과 자유에 대해 책임을 지는 존재
4	자기초월적 존재	타인 혹은 외부로의 지향을 추구하는 인간존재

2. 실존적 인간에 대한 차원적 존재론

1) 인간존재의 특성

의미치료에서 가장 중요한 것은 인간에 대한 존재론적 관점이다. Frankl은 정신치료법이 자칫 인간을 사물화시키고 있다는 사실을 환기시키면서 정신분석이나 행동주의 심리학의 환원론적인 접근에 대해 비판하였다. 또한 과학주의를 내세우는 심리치료 전문가들이 병리적인 현상의 인과적 사실에만 집중하다가 실제 인간의 존재적 특성을 보지 못하는 사람들이 되었다고 지적하고 있다. 그는 이를 비유적으로 설명하여 그들은 '사실'이라는 나무가 뿌리를 내리고 있는 '진실의 숲'을 더 이상 보지 못하는 사람들이라고 설명하고 있다(Frankl, 2005b). 즉, Frankl 이전의 기존 심리학이 인간을 단지 신체적 차원과 심리적 차원으로만 환원하여 분석했다고 비판하면서 인간에게 무엇보다 중요한 것은 정신적 차원 안에 있음을 강조하였다. 인간의 정신적 차원은 고차원적인 요소로서 본능적이거나 심리적인 차원을 넘어서는 것이다. 이러한 정신적 차원이 인간에게 있어서 더욱 포괄적이며 핵심적인 특성이다.

인간이 생물학적으로나 심리학적으로 동물적 특성을 지니고 있다 할지라도 이러한 것이 인간의 독특성이나 인격성 자체를 훼손하는 것은 아니다. 예를 들어, 비행기가 활주로 위에 서 있거나 자동차처럼 바퀴를 달고 활주로를 주행한다고 할지라도 여전히 비행기이지만, 비행기는 하늘을 날아오르고 공중에서 비행할 때 비행기로서의 진정한 특성을 드러낼 수 있는 것이다(Frankl, 2005b). 인간도 동물적 특성을 지니고 있지만 또한 동물 이상의 존재이기에 신체적 특성이나 심리적 현상이 아닌 진정한 정신적 차원을 이해할 때 비로소 인간에 대해 온전한 설명을 할 수 있는 것이다. 정신적 차원을 강조하고 있는 의미치료는 인간의 특성을 다음과 같이 정리하고 있다(김인석, 2012; Fabry, 1985).

첫째, 인간은 자신의 신체적인 고통이나 심리적인 고뇌, 또는 충동이나 본능에 대해 각자가 다른 정신적 태도를 취함으로써 스스로 고유한 자신의 인간성을 형성할 수 있다. 즉, 인간은 신체적 또는 심리적 현상에 대하여 다른 삶의 태도를 취하므로 신체적·심리적 수준을 뛰어넘는 새로운 차원을 전개할 수 있으며 각 개인은 이 차원에서 자기 고유의 인간성을 형성한다.

　둘째, 일반적으로 사람들은 성공이 충족을 가져오고, 실패는 절망을 가져온다고 믿는다. 그러나 인간은 성공 혹은 실패라는 도식적 특성에 속박되기보다는 이러한 삶의 형식과는 거리를 두거나 이를 초월하는 태도를 취할 수 있다. 오히려 인간은 성공이나 실패라는 도식에 좌우되기보다는 자신의 삶에서 의미 있는 태도를 취하면 인생의 충족감을 갖게 되고, 의미가 상실된 태도를 취하면 삶의 절망을 느낀다. 한 예로, 타인에게 매우 인색한 생활로 재산을 축적한 사람보다 타인에게 격려와 용기를 주고 어려운 사람을 도우며 살고자 하는 태도를 지닌 사람들이 더욱 충족감을 느끼는 경우가 이에 해당한다. 삶에 있어서 충족감이나 절망감의 차원은 인간의 정신적 차원과 관계되는 요인이다.

　셋째, 삶의 현상에 대해 어떤 태도를 취할 수 있는 가치는 창조적 가치 혹은 경험적 가치보다 높은 차원에 속해 있다. 이러한 경우의 예로서, 일상적인 직업생활과 결혼생활에서 외적으로 성공을 거둔 사람들보다 삶에서 극심한 어려움이나 불가피한 역경을 겪었지만 올바른 태도를 통하여 삶을 품위 있게 지켜낸 사람들이 더 높은 가치를 경험한다. 이들은 삶 속에서 올바르고 깊은 의미를 주는 태도에 의하여 혹독한 시련을 이겨 낸 사람들, 즉 참된 극기에 의하여 인간 승리를 이룬 사람들이다.

　넷째, 삶 속에서 인간의 태도에 대한 선택의 자유는 운명적 압박과 시련에 의하여 말살되지 않는다. 인간은 어떠한 극심한 운명과 환경에 처해지더라도 환경에 대하여 취하는 자신의 태도를 선택할 수 있는 자유를 보존하고 발휘할 수 있다. 빼앗길 수 없는 태도 선택의 자유가 삶을 의미 있게 만들며 이는 인간의 정신적 차원에 해당한다.

〈표 2-2〉 인간존재의 특성

1. 인간은 심리적 혹은 신체적 본능에 대한 각기 다른 태도를 취하는 정신적 차원을 지니고 있다.
2. 인간은 성공이 아닌 자기 삶의 의미 있는 태도를 통해 인생의 충족감을 느낀다.
3. 태도적 가치는 창조적 혹은 경험적인 가치보다 높은 차원의 것이다.
4. 인간은 어떠한 어려운 환경에서도 자신의 태도를 선택할 자유가 있다.

2) 차원적 존재론

인간존재에 대한 세 차원의 특성이라 할 수 있는 차원적 존재론은 의미치료에서 인간에 대한 특성을 가장 잘 밝혀 주고 있다. 의미치료에서 가정하고 있는 인간은 다음과 같은 세 가지 차원적 특성을 지닌 존재로 보고 있다(Frankl, 1967). 이는 Frankl이 Scheler의 개념들을 심리치료에 적용한 것으로, 인간 실존이 본질적으로 사물의 하나가 아닌 영(정신)적 존재라고 보았다(Frankl, 2005a). 물론 여기서의 영(spirit)이란 용어는 종교적인 의미가 아니다. 이 말은 인간의 독특한 현상을 지적할 뿐이며 단적으로 말하면 인간 안에 존재하는 인간적인 것, 즉 인간의 진정한 인간성을 의미한다(Frankl, 2017).

인간은 신체, 심리, 영의 세 가지 측면을 가지고 있으며, 영적인 면은 신체적, 심리적인 면과는 분리되거나 심지어 반하는 상태가 될 수도 있다(Cooper, 2014). 이러한 개념과 유사한 것을 주장했던 철학자로서 Nicolai Hartmann(1882~1950)은 인간을 신체적, 심리적, 그리고 영(정신)적(Noological)인 층(strata)으로 나누어 설명하였다. 이와는 달리 Scheler는 인간존재의 특성을 층이 아닌 켜(layer)의 개념으로 나누었으며, 그 중심을 영적인 것으로 보았고 신체적, 심리적인 것을 영적인 것에 비해 덜 중요하게 구분해 놓았다(Frankl, 2005a)([그림 2-2] 참조).

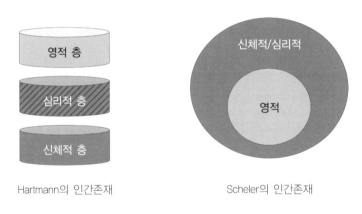

[그림 2-2] Hartmann과 Scheler의 인간존재 비교

Frankl은 인간을 이해할 때 적어도 세 가지 차원으로 구별할 필요가 있다고 주장하였는데, 이는 신체적 차원, 심리적 차원, 그리고 정신적(Noetic) 혹은 영적(Spiritual)인 차원이라는 것이다. 이와 같이 Frankl의 인간관은 신체적, 심리적 영역에만 머물러 있지 않

고 이 두 가지를 결코 부인하지 않으면서도 인간을 영적 차원에서 이해하고자 하는 전인간(total humanity)을 취급하고 있다(한재희, 2012). 인간은 신체적, 심리적, 그리고 영(정신)적인 세 가지 차원의 분리될 수 없는 통일체로서 의미치료에서는 이들 3차원 중 어느 한 차원도 무시하지 않는다. 인간은 생물학적 욕구로 행동하기도 하고 반면에 영적 차원에서 행동하기도 한다. 그러나 의미치료에서는 인간의 통일성이 신체와 정신의 다양성에도 불구하고 진정한 인간성은 생물학적 또는 심리학적 차원에서는 발견될 수 없고 정신적 차원 안에서 추구되어야 함을 강조하고 있다.

인간은 실존적이요 인격적이며 영적 중심에 입각해서 움직일 때 진정한 자신이 될 뿐만 아니라 통합도 이룰 수 있다. 인간이 지닌 온전성은 신체적, 심리적, 영적 국면 들이 통합됨을 의미한다. 따라서 의미치료의 관점으로 볼 때 인간을 완성시키는 것은 신체적 차원과 심리적 차원, 그리고 정신적 혹은 영적(Noological) 차원이 통합을 이룬 온전성을 의미한다. Frankl은 신체-심리적 통합(somatic-psychic whole)이라는 용어로는 인간을 설명해 낼 수 없음을 강조했다. 즉, 인간이 신체적 건강과 심리적 평안만으로는 아직 온전성에 이르지 못한 것이라 할 수 있다. 비록 몸과 마음이 통일성을 이룰 수 있다 하더라도, 이 통일성은 아직 인간의 온전성을 대표하기에는 부족하다. 인간의 본질적 영역이라 할 수 있는 영적 차원이 없는 온전성은 있을 수 없기 때문이다(Frankl, 2013).

인간에 대한 차원적 존재론은 인간존재의 다양한 측면을 알려줄 뿐만 아니라 인간의 본질적 가치를 드러내는 핵심이 영(정신)

적 차원이라는 사실을 이해할 수 있도록 도와준다. 일반적으로 인간은 인생에서의 물리적 또는 사회적 성공과 성취를 갈구한다. 그러나 필요한 경우에는 성공과 실패를 좌지우지하는 운명으로부터 독립할 수도 있다. 또한 인간존재는 자신이 어떤 태도를 취하느냐에 따라 전혀 희망이 없는 상황에서도 의미를 발견하고 성취할 수 있다. 이것은 인간존재를 좀 더 명확하게 파악할 수 있는 차원적 접근법을 통해서만 이해될 수 있다(Frankl, 2005a).

〈표 2-3〉 차원적 존재론

---

1. 신체적 차원: 생리적, 물리적 차원
2. 심리적 차원: 인간 내면의 인지, 정서, 행동적 차원
3. 정신적 차원(영적인 차원): 삶의 의미와 태도적 자유, 책임과 자기초월적 차원
4. 전인간(Total humanity): 인간은 신체적, 심리적, 정신적 차원이 통일된 존재

3장
의미치료의 주요개념

의미치료는 현실적 상황과 미래에 초점을 맞추고 자신이 지닌 삶의 의미가 무엇인지를 찾는 것을 과제로 한다. 삶의 의미를 찾는 과정에서 인간 내면에 자리 잡고 있는 무의식의 본능적 요소에만 국한하기보다는 내담자의 실존적 현실, 즉 의미를 찾고자 하는 의지와 앞으로 성취되어야 할 실존의 잠재적 의미까지도 고려 대상으로 간주한다. 이는 의미치료의 주된 관심사가 의미추구에 있음을 뜻하는 것이며 정신분석을 비롯한 다른 심리치료 접근법과 구별되는 것이라 할 수 있다(Frankl, 2012).

'의미'는 'Logos'라는 헬라어에서 유래되어 매우 깊은 철학적 사상을 내포하고 있다. 철학 혹은 신학에서 로고스는 세상의 모든 실재 속에 스며 있는 정신적 원리인 동시에 초월적인 신적 존재로서 규정되고 있다. 의미치료에서 의미에 대한 정의는 인간이 삶의 실재적 현상에서 지닌 의도 혹은 가치가 무엇인지에 초점을 두고 있다. 한편, 의미와 유사한 용어로 사용되는 '목적'은 이유, 기능 및 역할에 관한 내용을 함축하고 있으며 우리의 삶 속에서 활용되고 있다(Yalom, 2007). 그러나 일반적으로 삶의 목적과 삶의 의미는 거의 동의어로 사용되고 있다. 이는 삶의 의미를 알고 있는 사람은 자기 인생의 목적이나 달성해야 하는 가치 및 기능, 혹은 집중해야 하는 역할이 무엇인지를 인식하고 있음을 가정한다.

이러한 의미에 대한 정의를 기반으로 Frankl의 의미치료는 가장 기본적으로 의미에의 의지, 의지의 자유, 그리고 삶의 의미라는 삼중개념에 바탕을 두고 있다. 또한 삶의 의미와 관련하여 창조적 가치와 경험적 가치, 그리고 태도적 가치라는 가치구조를 통해 독특한 삶의 의미를 만들어 가도록 한다. 이와 더불어 인간의 삶에 있어서 한계현상이라 할 수 있는 고통과 죽음, 그리고 죄에 대한 의미 역시 의미치료에서는 중요한 개념이다. 이러한 의미치료의 개념들은 인간만이 지니고 있는 독특한 특징들이며, 인간으로 하여금 자기초월의 능력을 가능하게 하는 요인들로서 본 장에서는 각각의 개념에 대해 살펴보고자 한다.

1. 의미치료의 삼중개념

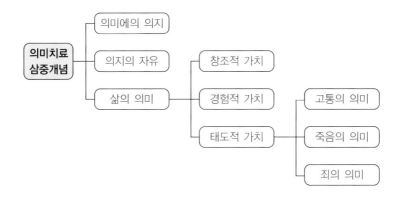

[그림 3-1] 의미치료의 삼중개념

1) 의미에의 의지

모든 인간은 행복해지기를 원하며 그 행복을 유지하려 한다. 많은 사람들에게 있어서 행복은 즐거움과 쾌락을 느끼는 것에서 오며 신체적, 정신적 고통이 부재한 상태로 간주하기도 한다. 따라서 사람들은 행복을 평가할 때 인간이 느끼는 긍정적 감정에 초점을 둔다. 반대로 부정적 감정을 자주 느낄수록 불행함을 느끼는 것으로 여긴다. 그러나 Frankl은 인간이 불행함 속에서도 가치를 부여하고 의미를 추구하고 있다는 사실에 주목하였다. 이를 통해 그는 인간이 지닌 본능적 욕구보다도 의미추구를 향한 인간행동이 삶의 근원적 동기라고 주장하면서, 이를 '의미에의 의지'로 설명하였다.

Frankl은 삶을 가치 있게 지탱할 수 있는 가장 중요한 요인을 의미추구라고 간주하였고, 쾌락의 원리를 강조하는 Freud의 학설을 구시대적 산물로 여겼다. 그는 무엇보다도 현대인에게 있어서 쾌락충족보다 의미충족이 중요함을 강조하였다. 의미치료에서 인간이 의미를 찾는다는 것은 자신의 존재 의미를 찾고자 하는 욕구로서 인간행동을 동기화시키는 가장 기본적인 동력이다(Breitbart & Poppito, 2019). 의미를 찾는다는 것은 곧 인간이 삶 속에서 경험하는 내면의 공허와 좌절감, 더 나아가 삶의 공허함을 느끼는 것에 대해 두려움을 느낀다는 것이다.

심리적 질병은 공허감이라는 진공상태에서 침범할 가능성이 있다. 인간은 자신의 인생에서 즐거움이나 권력, 그리고 재물 등을 충분히 누릴지라도 이러한 것들을 통해서 공허감을 극복하기는 어렵다. 심리적 공허감을 극복하기 위해서는 오직 의미로 채울 때에야 가능한 것이다(Fabry, 1985). 따라서 인간은 자신에게 의미 있고 가치가 있는 것을 얻기 위해 끊임없이 노력해야 한다. 의미를 추구하고자 하는 과정에서 인간은 긴장하기도 하고 도전을 받기도 하며 때로는 자신의 목적을 실현하기 위해 끊임없이 투쟁하기도 한다. 그러나 이러한 현상은 실존적 존재로서 인간이 반드시 겪어야 하는 중요한 요소이다. 의미를 추구하는 과정에서 긴장을 느끼게 되지만 이는 신체적 평형상태를 유지하는 것 이상으로 정신건강에 없어서는 안 되는 필수적인 것이다(김정현, 2010). Frankl은 삶을 가치 있게 만드는 가장 중요한 요인을 의미추구라고 간주하였다. 다시 말해, 인간이 추구하고자 하는 의미는 본능에 입각한 것이 아니라 인간 내면에서 근본적으로 우러나오는 것이며 자신만이 자기 삶의 유일하고 개별적인 존재로서 삶의 의미를 실현시킬 수 있다. 그리고 그 어떤 누구도 자신의 과제를 대신할 수 없다는 특징을 지니기도 한다(Frankl, 2012).

Frankl은 "왜 살아야만 하는지 아는 사람은 그 어떤 방식도 거의 견뎌 낼 수 있다"는 Nietzsche의 말을 강제수용소에서 심리치료의 표어로 삼았고, 인간의 의미추구뿐만 아니라 심리치료적 해결책을 발견하였다. 결국 삶의 의미와 이유를 발견한 사람은 그 어떤 상황에서도 견뎌 내고 이겨 낼 수 있는 내재된 힘을 가지고 있을 뿐만 아니라 그 방법도 찾아내게 된다는 것이다(김정현, 2010). Frankl은 살면서 긴장을 느낀다는 것을 오히려 정신건강이 양호한 것으로 해석하고 긴장상태에서 도피하려는 행동은 오히려 자신을 실존적 공허에 빠지게 만들도록 촉발하는 행동이 된다고 경고하였다. 따라서 인간이 건강하게 삶을 유지한다는 의미는 긴장에서 벗어나야 하는 것이 아니라 자신만의 목적과 목표를 성취해 나가기 위한 긴장감 있는 도전의 필요성을 말하는 것이다.

인간에게 '의미에의 의지'란 삶의 의미와 목적을 발견하고 충족시키려는 인간의 기본적인 추구이다(김인석, 2012; Frankl, 2012). Frankl은 나치가 설치한 아우슈비츠 수용소라는 극한 상황에서조차 인간이 삶의 의미와 목적을 추구하려는 모습을 직접 목격하고 체험하였다. 이를 통해 Frankl은 인간에게 있어서 의미는 본질적인 특성이라는 사실을 확신하였으며, 보편적인 일상에서 의미추구나 의미를 향한 의지는 가장 기본적인 욕구임을 주장하였다.

이와 더불어 의미에의 의지는 인간으로 하여금 쾌락과 권력에의 예속을 거부하고 진정한 의미를 추구하도록 하는 원동력이다. 이러한 의지로 인해 인간들은 의미를 찾고 채우려 할 뿐만 아니라 다른 사람과 관계를 맺고 사랑을 나누기도 한다. 의미를 채우는 것과 의미 있는 관계를 맺는 것, 이 두 가지가 인간들에게 행복과 쾌락을 느끼게 하는 이유가 된다. 따라서 인간이 보편적으로 추구하고자 하는 쾌락이나 권력의 욕구는 의미를 추구하는 과정에서 생겨나는 부산물이지 결코 목표가 아니다. 삶의 근본적인 힘은 본능에 의한 충동에서 나오는 것이 아니라 의미를 발견하고 또한 의미를 찾으려고 하는 강한 의지에서 생겨나게 되는 것이다.

의미치료는 인생에 있어서 '의미에의 의지'에 관한 개념을 정신의학에 도입함으로써 상담 및 심리치료의 지식과 통찰력을 넓혀 주고 있다. 프로이트 학파가 인간을 본능에 의한 존재로 간주하여 '쾌락에의 의지'를 강조하고, 아들러 학파가 '권력에의 의지'에 기초를 두고 있다면, Frankl은 인간의 정신적 차원인 의미에의 의지를 강조함으로써 상담 및 심리치료에 있어서 새로운 체계를 정립하였다.

의미치료는 인간의 병리적 질병에 초점을 맞추기보다는 정신적 건강을 강조하고 있다. 또한 심리와 신체의 단면을 통해 인간을 바라보는 시선이 아닌 정신적이고 영적인 측면을 포함한 통합적 인간상을 그리고 있으며, 과거의 심리적 충격으로 인한 제약보다는 인간의 자유와 미래의 도전을 강조한다.

2) 의지의 자유

의지의 자유는 주어진 삶의 조건들로부터 자신의 반응을 선택하는 자유를 뜻한다(이영의, 2014). 이는 인간이 처한 어떤 환경이나 상태로부터의 자유가 아니라, 환경이나 상태에 대해 각 개인이 취할 수 있는 태도에 대한 자유를 의미하는 것이다. 의미치료의 가장 기본적인 원리는 인간이 지닌 '의미에의 의지'와 함께 유한한 인간 존재로서 각 개인이 지닌 '의지의 자유'가 있다는 것이다. 인간의 자유는 앞에서 언급한 바와 같이 아무런 제약도 없는 무한한 자유를 의미하는 것은 아니다. 인간에게 주어진 자유란 어떠한 한계 앞에 놓인다고 할지라도 그 한계와 맞설 수 있는 자유이다(Frankl, 2002).

인간은 신체적, 심리적 조건으로부터 자유롭지 못하다. 하지만 자신의 신체와 심리를 결정하는 조건들에 대한 한계를 수용하며 이를 극복하기 위해 스스로 결정하며 자유롭게 맞설 수 있는 능력을 가지고 있다. 인간은 살아가면서 자기 삶의 의미가 무엇인지 찾을 자유를 갖고 있고, 고난에 대해서도 마찬가지로 어떤 태도와 의미를 취할 것인지를 선택할 자유가 있다. 인간이 살면서 고난과 역경이라는 한계나 통제 불능의 상황에 맞닥뜨릴 수 있지만 그 마지막 최후의 순간에 역경을 마주하고 자신의 태도에 대해서 신중하게 생각하고 선택할 수 있는 것 또한 인간에게 있는 '의지의 자유'라는 특성이 있기 때문이다. 역경과 고난은 엄청난 한계이자 미래를 알 수 없는 불확실함을 뜻한다. 그러나 의지의 자유는 그럼에도 불구하고 이러한 순간에 인간인 자신이 어떻게 반응할지를 선택할 수 있음을 시사하는 것이다(Breitbart & Poppito, 2019).

이는 인간에 대해서 이미 모든 것이 어린 시절 형성되고 결정된다는 Freud 심리학의 결정론적 접근에 반대하는 것으로서 한 인간은 자유롭게 자기 자신의 성격을 형성하며 자신의 삶에 대한 책임이 스스로에게 있다고 여기는 것이다. 이러한 Frankl의 '의미의 자유'는 인간의 독특한 자유능력을 무시하고 심리적·신체적으로 폐쇄된 차원으로 인간을 환원시키는 심리학적 이론에 대한 비판이라 할 수 있다.

현대인들은 Freud가 초점을 두었던 성적 좌절에 시달리지 않을 수 있다. 오히려 그보다는 Frankl이 보여 주는 것처럼 존재적 좌절감으로 말미암아 더 큰 고통을 겪는다. 현대의 젊은 세대일수록 자신의 삶의 의미를 찾고자 하는 의지를 가졌기에 이러한 프로이트식 접근법은 오히려 더 큰 좌절감에 빠지게 할 수 있다.

사람들이 존재적 진공 속에 살고 있고 이 허무가 권태로 표현된다고 주장한 Frankl은 실제로 오늘날 존재적 진공이라 불리는 내적 공허감으로 인해 심리적 고통이나 병리적 증상을 보이는 사람들이 지속적으로 늘고 있음을 우려하였다. 현재를 살아가는 데 있어 가장 큰 고통은 삶에 대한 목표를 상실하고 권태감을 느끼며, 왜 사는지, 어떻게 살아야 하는지에 대한 의미와 목적이 결핍되었기 때문이다(Frankl, 2008).

그러나 인간은 최악의 상황과 상태에서도 자신의 영적 자유와 존엄성을 유지하려고 노력하는 존재이며 상황과 자신을 분리시킬 수 있는 능력을 갖고 있고 이를 통해 자신의 태도를 선택할 수 있는 특별한 능력을 지닌 존재이다. 이것은 인간의 새로운 차원, 곧 정신적 차원을 여는 것이자 독특한 인간 현상들이 존재함을 의미하는 것이다. 따라서 중요한 문제는 우리 성격특성이나 충동 및 본능 그 자체가 아니라, 인간이 그것들에 대해 취하는 태도이다. 그리고 어떠한 태도를 취하는 능력이야말로 진정한 인간을 만드는 원동력이 된다(한재희, 2019a). 결국 Frankl에게 있어서 의지의 자유는 '그 자신이 주어진 조건에 굴복할 것이냐, 아니면 용감히 맞설 것이냐'를 결정하는 태도적 자유이다. 이러한 의지에 대한 태도적 선택은 자기가 어떠한 신체적·심리적 악조건 및 제약과 규정 속에 처해 있다 할지라도 결코 완전히 조건 지워지고 결정되지 않는 인간 특유의 능력이다.

강제수용소에서 사람들은 자신의 삶이 어쩔 수 없는 상황에 속해 있을지라도 그 안에서조차 항상 어떻게 반응하고 어떻게 살아야 하는지 자신의 태도를 선택하는 실존적인 신념을 갖고 있었다. 따라서 동일한 상황 속에 사람들이 놓여 있을지라도 상황에 반응하는 태도는 각기 달라지는 것이다(Frankl, 1998; Cooper, 2014). 기본적으로 인간은 궁극적으로 삶의 조건이나 환경에 굴복하지 않는 존재이다. 오히려 환경이나 조건들이 인간의 결정에 의해 지배당하게 되는 것이다(김인석, 2012; Frankl, 2012). 절망을 경험하고 자각하는 순간, 인간은 의미를 떠올리며 제한된 상황 속에서도 선택을 할 수 있게 된다. 아무리 절박한 상황에 몰린다고 해서 선택할 수 있는 힘마저 상실하는 것은 아니다. 오히려 포기하려 하거나 변하지 않는 절망적 상황에서 아무것도 할 수 없는 자신의 무기력에 대해 반문할 수도 있다. 상황이 인간을 선택할 수는 없어도 적어도 인간은 그 상황에 맞서 싸울 것인가 아니면 상황에 자신을 내맡길 것인가에 대한 결정을 할 수 있기 때문이다(Fabry, 1985).

선택의 시간이 지나고 나면 인간은 쉽게 탈출구를 발견할 수 있다. 실제로 선택의 과정은 결코 쉽지 않으며 더욱 고통스러울 수도 있다. 때로는 선택해야 되는 일들이 과거와 연결되어 있을 수도 있다. 인간은 과거에 발생한 어떠한 사실로 인해 심한 상처를 받았지만 그것을 변경시킬 수 없음을 안다. 그러나 인간은 그 과거를 어린 시절의 트라우마로 여기면서 현재까지 이어지고 있는 실패의 변명거리로 생각할 수도 있고, 반면에 그것을 극복해 새로운 삶을 살아야 하는 도전과제로 생각할 수도 있다. 이것이 의미치료에서 태도 선택에 주의를 기울이고 집중해야 하는 이유이다. Frankl은 비록 고통이 인간을 힘들게 하지만 오히려 인간은 고통을 통해 더욱 성숙한 상태로 변화될 수 있다고 하였다. 인간의 성장이나 성숙, 그리고 타인에 대한 이해와 공감은 오래 지속되어 온 고통의 결과일 수 있기 때문이다.

그러나 '의미의 자유'라고 해서 의미가 아무렇게나 주어진다는 것은 아니다. 오히려 책임 있게 찾아야 한다는 것이다. 더 나아가 의미는 인간으로서의 이성적인 판단력을 가지고 발견되어야 한다. 실제로 인간은 의미를 추구하는 데 있어 판단력을 통해 인도를 받는다. 판단력은 어떤 상황에서 의미를 찾아내는 인간의 직관적인 능력이며 가치를 창조하는 원천이다. 따라서 의미는 인간 각자에게 있어서 유일한 것이기 때문에 일반적인 법칙으로 전락하지 않으며 개인의 판단력과 같은 직관력이 의미 형태를 파악하는 유일한 방법이다(Frankl, 2012).

이러한 Frankl의 인간 책임성에 대한 강조는 범결정주의의 극복이라 할 수 있다. 인간은 생물학적·심리적·사회적 조건들을 극복할 수 있는 능력과 초월할 수 있는 능력을 가지고 있으며, 원인과 결과의 법칙에 지배되는 심리적 기계가 아니라 궁극적으로 스스로 결단하는 주체인 것이다. 따라서 인간은 단순한 심리적 존재 이상의 것이다. 즉, 정신적 존재이다. 그리고 바로 자기초월과 책임있는 행위에 의해서 단순한 생물적, 심리적 평면을 떠나 인간의 고유한 영역, 즉 정신적 차원으로 들어간다(Frankl, 1962).

3) 삶의 의미

인간은 누구나 식욕이나 수면욕, 성욕 등 다양한 신체적 욕구를 지니고 있다. 또한 모든 생명체가 공통적으로 가지고 있는 기본욕구뿐만 아니라 즐거움이나 타인과의 친밀감, 또는 권력이나 명예를 추구하는 심리적 욕구 역시 인간에게 매우 중요한 것으로서 삶의 동기를 제공한다. 그러나 Frankl은 다른 어떤 욕구나 동기보다도 가치 있고 가장 기본적인 동기를 '삶의 의미'를 추구하는 정신적인 욕구로 보았다(Cooper, 2014; Frankl, 2017). 그는 무엇보다도 인생의 충만함과 만족을 위해 진정으로 노력하는 기본 동기야말로 삶의 의미를 가지려는 태도라고 주장하였다. 삶의 의미는 각자가 자신의 시간과 에너지를 투자해서만이 얻을 수 있는 것이기 때문에(Cooper, 2014), 삶의 의미가 상황에 따라 변할 수 있을지라도 출생부터 생을 마감하는 순간까지 인간은 의미에 대해 끊임없이 생각한다.

사람은 존재에 있어서 유일무이한 존재이며 인생은 각자에게 있어서 독특한 상황들의 연속이다. 결국 이러한 인간의 특징은 각 개인이 어느 누구와도 대체될 수 없는 존재임을 입증하는 것이다. 다시 말해, 개인의 고유한 특성은 각기 주어진 과업이나 사명이 다르고 인생 발달 과정 역시 다르며, 인간 각자가 추구해야 하는 삶의 의미 또한 독특하게 주관적인 입장에서 나타나기 때문에 성취해야 하는 삶의 의미도 각기 다르다. 이는 각자 인생의 유일성을 의미하는 것이라 할 수 있다. 만일 삶에서 자신을 대신할 수 있는 어떤 것이 있거나 자신의 삶을 대체할 수 있는 다른 누군가가 있다면 인간은 스스로의 존재 가치에 대해 의문을 갖게 될 것이며 인생에서 무의미감을 느낄 수도 있다.

이렇듯 삶의 의미는 사람에 따라 다르고 인생의 과정에 따라 달라지기 때문에 삶의 의미에 대하여 쉽게 답하기는 어렵다. 그러나 각 개인은 다른 사람으로 대체될 수 없으며, 삶 또한 반복될 수 없기 때문에 각자의 과제는 그것을 수행하는 사람의 특수함만큼이나 독특하고 오직 자신만이 성취할 수 있는 대체 불가능의 특성을 지닌다(한재희, 2019a). Frankl은 삶의 의미에 있어서 보편적인 의미라는 것은 없으며 오로지 개별적인 상황이 지닌 유일한 의미만이 존재함을 강조하였다.

개인에게 있어서 진정한 의미가 발견되려면 책임과 자기초월이라는 핵심요소가 필요하다(Fabry, 1985). 자신이 스스로에 대한 진실함과 자유를 지닌 존재가 되기를 원하고, 본연의 자신으로서 유일한 존재가 되기를 원할 때 선택은 무책임하게 이루어지는 것이 아니다. 오히려 책임은 자기중심적인 태도에서 벗어나 이를 초월할 것을 요구한다(Fabry, 1985). 내 자신이 누구이며 어떠한 목표와 잠재력을 지녔는지, 자신의 삶을 발전시킬 방법이 무엇인지에 대해 스스로에게 질문을 던지는 사람들로 인해 인류는 발전해 왔고, 이미 여러 세대를 거치며 인류는 수많은 물음에 대한 답변을 하려 노력해 왔다. 이는 종교를 가진 사람들에게서도 발견할 수 있다. 그들이 지니고 있는 타인을 향한 혹은 다른 명분을 위한 행동을 통해 진정한 의미를 향한 질문의 답을 발견할 수 있는 것이다.

'삶의 의미'에 대한 Frankl의 이론은 Freud의 '쾌락에의 의지'를 결과론적인 것으로, 그리고 Adler의 '권력에의 의지'를 수단적인 것으로 비판하고 있다. 상담 및 심리치료에서 내담자들이 진정으로 얻어야 하는 것은 행복추구가 아니라 의미추구이어야 하기 때문이다. 인간이 의미를 추구한다는 것은 본능적 욕구의 문제를 해결하기 위함이거나 인생이 기본적으로 즐거워야 한다고 기대하는 것이 아니다(Fabry, 1985). 이보다는 인생의 의미를 중요하게 생각하는 것이다. 인생에서 즐거움을 추구해야 한다고 믿는 믿음은 종국적으로 좌절을 초래하게 될 뿐이며 인생이 허무함으로 귀결되는 것이다.

삶의 의미라는 개념에 있어서 기본적으로 인간은 의미를 추구하는 존재이며 의미를 강하게 추구하는 사람일수록 건전하며, 의미추구가 중단되거나 좌절되면 삶은 병들게 되고 심리적인 문제를 표출하게 된다. 의미나 사명은 사람이나 시기마다 각각 독특하기 때문에 인간이 추구해야 하는 삶의 의미는 일반적인 삶의 의미가 아니라 주어진 그 순간에 그 사람에게 실현되어야 하는 것이며 답을 찾기 위한 질문을 자기 스스로 던지고 있다는 것을 인식해야만 한다. 그리고 답은 자신의 삶에 대한 책임을 지는 것을 통해서만 가능하다. 결국 이것이 의미치료가 인간존재의 본질을 책임감으로 보고 있는 이유이기도 하다.

Frankl은 "이상과 가치는 인간에 의해 고안되고 만들어진다"는 Sartre의 주장을 비판하면서 의미는 만들어지는 것이 아닌 발견되는 것임을 강조하였다(Frankl, 2012). 삶은 의미 있는 것이지만 그것은 저절로 드러나는 것이 아니고 인간이 능동적인 자세로 스스로 발견하고자 할 때 찾아지는 것이다. 따라서 삶의 의미는 시대나 사회에 따라, 그리고 무엇보다도 각 개인에 따라 다를 수 있다. 이러한 시각으로 볼 때, 삶의 의미는 매우 주관적이며 개인에 의해 만들어지는 것으로 보일 수 있다. 하지만 의미치료에서 삶의 의미의 개인적 특성이 마치 의미의 주관성만을 항상 강조하는 것처럼 이해되는 것은 경계해야 한다. 이는 기본적으로 삶의 의미는 자신이 요청하기보다는 시대나 상황 속에서 삶이 자신에게 요청하기 때문이다. 따라서 개인은 추상적인 삶의 의미를 추구하는 것이 아니라 삶의 현장에서의 구체적인 의미를 향할 수 있어야 한다.

모든 사람은 기본적으로 의미를 추구하는 존재로서 생애 속에서 각자만의 특별한 직업과 임무를 갖고 있으며 자신만의 과제가 충족되기를 원하는 소망을 갖고 있다. 그러나 Frankl은 심리치료에 있어서 상담자들이 의미를 처방 내리는 것에 대해 경고하고 내담자가 자신의 의미를 발견할 수 있는 세 가지의 영역을 보여 줌으로써 내담자를 돕고자 하였다. 이 세 가지 영역은 삶의 의미에 있어서 세 가지 의미구조라 할 수 있다.

〈표 3-1〉 의미치료 삼중개념

1. 의미에의 의지: 삶의 의미를 찾고자 하는 인간행동의 가장 근원적 동기
2. 의지의 자유: 의미를 찾고자 하는 자유와 역경에 대한 태도를 선택할 자유
3. 삶의 의미: 생애 속에서 각자가 추구하고자 하는 특별한 가치나 임무

2. 삶의 의미에 있어서의 가치구조

의미치료에서 삶의 의미에 관한 문제를 논할 때 인간이 자신의 삶에서 발견할 수 있는 세 가지 영역을 언급하고 있다. 이는 가치구조와 관련된 것으로서 개인적 삶의 의미는 일반적으로 인생에서 가능한 세 가지 가치구조인 창조적, 경험적, 그리고 태도적 가치로 범주화하여 구별된다.

1) 창조적 가치

의미를 찾을 수 있는 첫 번째 구조적 영역인 창조적 가치는 개인이 활동을 통해 실현하는 가치이다. 많은 사람들은 자신이 하고 있는 일이 크게 가치 있는 것이 아닌 사소한 일이라고 여겨서 자신의 삶은 의미가 없다고 불평한다. 이러한 불평을 하는 사람들을 위해 무슨 일을 하느냐의 가치보다는 어떻게 일을 하고, 얼마나 성실하게 맡은 바 임무를 다해야 하는지에 대한 사실을 이해시켜야 한다. 자신의 직업적 활동범위가 넓은지가 중요한 것이 아니라 오히려 구체적으로 자신에게 주어진 일을 제대로 성취하고 있는지의 여부가 더욱 중요하다. 오히려 작은 일을 제대로 성취했을 때 더 중요한 삶을 살아 내고 있다는 사실을 인식하는 것이 더욱 가치 있는 것이다(Frankl, 2002; Yalom, 2007).

창조적 가치는 노동과 취미, 혹은 일에 대한 열중을 의미하는 창조적 활동을 지칭한다. 작품이나 예술적 추구 등도 이에 포함된다고 할 수 있다(Breitbart & Poppito, 2019). 다시 말해, 인간이 일이나 작품창작활동, 자녀양육, 타인 돌봄 등을 통해 의미를 갖게 되는 것이다. 이 세상에 태어난 모든 사람은 삶의 방식을 통해 드러나는 각 개인의 삶의 의미를 발견하고 충족시킬 수 있다(김인석, 2012). 이는 인생 가운데 무엇을 만들거나 생산하는 것과 관련된 창의적인 활동을 뜻한다. 창조적 가치는 현재의 상황을 생산적으로 변화시키는 매우 능동적인 요소로서 인간은 창조적인 일을 하는 것에 보람과 긍지를 느끼게 된다.

창조적 가치의 실현은 개인에게 주어진 독특하고 구체적인 과업에 대처하거나 그것에 대한 사명을 자각할 때 발생한다. 그것은 인간이 현재 가지고 있는 직업적인 과업일 수 있고, 시간과 노력을 들일 만한 가치가 있다고 믿는 어떤 취미일 수도 있다. 일반적으로 그런 것들이 무엇이든 사회에 공헌하고 자기 자신을 사람답게 하는 값진 것을 생산할 수 있다면 그 일에서 의미를 발견할수 있다(윤순임 외, 2005). 그러나 현대사회에서 일이나 업무를 통해 의미를 찾는 것은 점점 더 어려워져 가고 있다. 이는 현대인이 과업이나 업무의 주체적 존재로서 주도적인 자세를 취하는 것이 아니라 마치 기계의 한 부속물이거나 혹은 기계를 대신할 대체물로서 일에 대한 기회를 부여받았다고 느끼기 때문이다. 또한 마치 일부 직업들만이 사회에 의미 있는 활동을 제공하는 것이라고 여기지고 있는 이유에서이다. 그러나 일의 창조적 가치는 일의 종류에 있지 않다. 오히려 그 가치는 직종이나 사회적 인지도가 아닌 일에 대한 동기가 무엇이고 자신이 실행하는 과업의 범주 내에서 얼마나 충실하게 자신의 일에 몰두하느냐에 더 큰 의미가 있다(Fabry, 1985).

2) 경험적 가치

경험적 가치란 자신이 직접 창조해 내지는 않지만 타인이 창조해 놓은 것을 경험함으로써 느끼는 가치를 말한다(Frankl, 2002). 이러한 경험은 예술작품이나 자연, 그리고 다른 사람들과의 대면을 통해 실현되는데 주로 사람에게 감동을 주는 창의적인 작업이나 예술, 그리고 학문적 노력을 통해 그 경험이 완성되며 그 완성은 오직 자신만이 할 수 있는 것이다. Frankl은 자신의 예를 들면서 아우슈비츠 강제수용소에서 참아내고 생존할 수 있도록 버티게 된 주된 요인이 '의미치료'를 쓸 수 있었다는 것이며 수용소 안에서 그 일을 할 수 있는 사람이 오직 자신이라는 것이었다. Frankl은 비록 수용소의 삶이 자신이 원하고 창조한 상황은 아니었지만 타인이 창조해 놓은 것일지라도 경험적으로 참여하는 형태를 통해서도 삶의 의미를 충분히 창출할 수 있음을 강조하였다.

경험적 가치는 주로 창조적 가치를 발휘하지 못하는 상황에서 활용되기도 한다. 경험적 가치가 창조적 가치에 이르지는 못하지만, 그에 버금가는 것으로 최악의 경우 개인이 직면했을 때 경험적 가치를 실현하여 의미를 찾을 수 있다. 경험적 가치는 개인의 창조와는 다르게 타인의 뛰어난 예술작품, 음악이나 문학 등을 감상하면서 삶의 가치를 느낄 수 있기 때문이다.

특별히 인간에게 있어 어느 누구도 자신을 대체할 수 없는 두 가지 영역이 있다. 그것은 바로 인간관계와 예술활동이다. 그 이유는 인간 각자가 타인과 관계를 맺는 방식뿐만 아니라 창작하는데 있어서의 아이디어 역시도 독특함으로 인해 대체하기가 어렵기 때문이다. 이러한 가치는 비단 예술작품만이 아니라 생활 속 경험에서도 이루어진다(김충렬, 2005). Frankl은 경험에서 나오는 의미에 대하여 분명하지는 않지만 일반적으로 미, 진실, 그리고 특히 사랑에서 나오는 의미를 언급하고 있다. 다른 말로 표현하면, 무언가에 깊이 빠지는 경험을 한다는 것은 의미를 만드는 것이라 할 수 있다(Yalom, 2007).

경험적 가치는 또한 상대와의 사랑의 경험을 통해 또 다른 방식으로 실현된다. 인간은 사랑을 통해서 다른 사람의 가장 깊은 내면을 파악할 수 있고 사랑 속에서 자신의 독특한 본질을 이해할 수 있다. 가장 쉬운 예로, 인간이 지닌 감각을 통해서 자연이나 예술작품을 경험적으로 느낄 수 있지만, 인간이 관계를 통해 삶에 연결되는 것들은 기본적으로 타인과의 연결감이나 유대감 등을 통해서이다. 타인과의 관계성이나 유대감 등은 인간이 살아가는 데 없어서는 안 되는 필수적인 것이며 인간이 경험하는 삶의 본질이다(Breitbart & Poppito, 2019). 따라서 경험적 가치는 자연과 문화를 체험할 때 성취되거나 혹은 다른 사람을 사랑할 때 가능해진다. 이것은 Frankl이 강조하던 사랑의 의미와도 일맥상통한다. 의미치료에서는 사랑을 성적 충동이나 본능으로 인해 파생되는 감정으로 생각하지 않는다. 사랑은 성적 행위와 마찬가지로 근원적 현상이며 사랑하는 사람 사이의 성적 행위는 애정을 표현하는 하나의 방식으로 존재한다. 따라서 성적 행위는 궁극적인 합일을 이루는 하나의 수단으로 볼 수 있는 것이다. 그러나 의미치료에서 강조하는 사랑은 자신이 아닌 타인을 사랑하게 되었을 때 상대에 대한 단순 감정 상태만을 이야기하는 것이 아닌 상대의 본질, 즉 존재자체를 있는 그대로 받아들임을 통한 충만함을 의미한다.

인간이 삶 속에서 의미를 발견하고 그 의미를 통해 삶을 영위하기 위해서는 사회와 타인과의 관계에서 가면을 쓰고 있는 자신이 아닌, 가능한 한 타인과의 진솔한 대면을 통해 진정한 자신을 만날 수 있어야 한다. 이러한 진정한 만남을 통해서 사람은 상대방이 가지고 있는 잠재능력까지도 파악이 가능해진다. 이는 누군가를 사랑하는 마음이 있다면 사랑하는 대상이 그 능력을 발휘할 수 있도록 도와주거나 그것이 무엇인지 깨닫도록 할 수도 있기 때문이다.

3) 태도적 가치

세 번째로 인간은 태도적 가치를 실현함으로써 삶의 의미를 경험할 수 있다. 인간은 삶의 한계상황에 봉착했을 때 각 개인마다 취하는 태도가 있다. 인간이 극한 상황에 처하여 창조적 가치나 경험적 가치를 만들 수 없을 만큼 힘든 경우라 할지라도, 인간은 태도적 가치를 통해 삶에 의미를 부여할 수 있다. 비록 극도의 절망적 상황에 부닥치더라도 그 운명을 어떻게 받아들이느냐에 대한 태도는 인간의 자유의지에 의하여 선택할 수 있기 때문이다(한재희, 2019a). 따라서 인간의 삶에서 태도적 가치는 세 가지 가치 영역 중 가장 중요하고 고상한 영역이다. 태도적 가치는 인간이 지니고 있는 자유를 통해 이루어지는 최후의 가치로서, 이는 인간이 지닌 한계적 상황 안에서 유일하게 선택할 수 있는 자유라 할 수 있다.

특히 모든 인간은 죽음을 벗어날 수 없는 유한성의 세계 속에 살고 있기 때문에 이 과정 가운데 어떠한 경험을 할 것인지에 대해서는 각자가 선택할 수밖에 없다. 사람은 비극처럼 보이는 자신의 삶에서조차 의미를 찾아 승리할 수 있는데 이것은 고난이나 한계에 대한 태도의 선택과정을 통해 결정될 수 있다(Breitbart & Poppito, 2019). 인간은 최후에 부딪히는 어떤 운명적인 상황조차도 용기를 가지고 품위 있게 맞이할 수도 있고 반대로 절망과 분노의 태도로 맞이할 수도 있다. 이는 인간의 마지막 자유로서 고통과 역경 그리고 삶의 한계 가운데에서 자신의 태도를 선택하는 것이다.

태도적 가치는 Frankl의 핵심주제로서 삶이 주는 고통을 통해 인간이 새로운 삶을 살아가는 힘을 얻을 수도 있으며, 혹은 고통 그 자체가 한계일 수도 있는 상황을 보여 주는 것이다. 많은 경우 인간은 자신의 삶을 통제하지 못하고 힘든 상황에서 어떻게 대처해야 하는지 또는 어떻게 반응해야 하는지를 알지 못하는 경우가 많다. 인간이 창조적 가치나 경험적 가치를 바탕으로 무엇인가를 실현하는 것이 불가능한 상황에서는 처해 있는 상황과 환경에 대해 자신의 태도적 자유를 통해 맞설 수밖에 없으며, 태도적 가치의 선택으로 인해 자기 삶의 무게를 스스로 짊어질 수밖에 없는 것이다(Frankl, 2002). 결국 인간은 태도적 가치를 실현함으로써 삶의 의미를 경험할 수 있다. 태도적 가치의 본질은 인간이 변경할 수 없는 것에 대한 대처방법의 선택을 의미한다. 삶의 상황은 창조적 가치의 의미나 태도적 가치의 의미 모두에게 가치 실현의 기회를 제공하고 있는 것이다.

따라서 태도적 가치는 가장 높은 가치이자 피할 수 없는 불가항력적 시련 속에서도 가질 수 있는 가장 심오한 의미다(Frankl, 2005a). 이에 대해 태도적 가치는 경험적 가치나 창조적 가치에 비해 상위에 위치해 있는데 이는 희망이 전혀 없는 불가항력적 상황과 시련에 부딪힌 가운데서도 인간이 가지고 있는 의미 발견과 성취의 의지가 태도적 가치에 의해 결정되기 때문이다([그림 3-1] 참조).

[그림 3-1] 가치의 삼중개념

인간이 주어진 상황을 변화시킬 수 없다면, 유일하게 변화시킬 수 있는 것은 상황에 대해 취하는 각자의 태도이다. 이를 통해 그 상황을 용기 있게 수용하거나 겸허하게 인내하는 등의 긍정적인 태도를 취함으로써 인간은 삶에서 의미를 발견하고 스스로의 요구를 충족시킬 수 있다. Frankl은 이러한 태도적 가치론을 통해 더 이상 창조적 행위를 할 수 없게 하는 육신의 쇠약과 마비, 자연적 한계, 혹은 사람 및 문화와 접할 수 없는 고독한 환경과 심신상태, 죽음에 이르게 하는 불치의 병, 극단적인 궁핍과 고통 등 어떠한 상황에서도 의미를 발견하는 것이 가능하다는 사실을 강조했다(김인석, 2012).

이상에서 설명한 바와 같이 삶의 의미에 대한 세 가지 가치구조를 결론적으로 종합해 보면, 창조적 가치는 능동적인 행동으로 실현되며, 경험적 가치는 자연이나 예술 등 세상에 대해 수동적이지만 적극적인 수용으로 인해 자아 속에서 현실화된다. 이에 반해 태도적 가치는 어떤 상황에 대해 인간이 변화시킬 수 없는 불가항력적인 상황을 그대로 받아들이지 않으면 안 되는 경우에 태도를 변경함으로써 의미를 부여하고자 한다. 인간이 어떻게 불가항력적이며 운명적인 것을 스스로 받아들이는가 하는 태도양식에 따라 헤아릴 수 없이 풍부한 가치 실현의 가능성이 생긴다. 즉, 인간은 인생의 창조적 실현이나 기쁨 속에서 가치를 구할 뿐 아니라 고뇌에서조차 가치는 실현된다(Frankl, 2002). 인간은 이러한 창조적 가치와 경험적 가치, 그리고 태도적 가치를 통해 자기 삶의 의미가 무엇인지를 깨닫고 그 가치와 과제 실현을 통해 삶의 의미를 부여하게 된다.

〈표 3-2〉 삶의 의미의 세 가지 가치구조

1. 창조적 가치: 구체적 과업이나 창의적인 활동을 통해 얻는 가치
2. 경험적 가치: 관계경험이나 타인이 창조해 놓은 것을 경험함으로써 느끼는 가치
3. 태도적 가치: 삶의 한계 가운데 태도와 선택을 통해 얻는 가치

3. 태도적 가치와 관련된 삶의 세 가지 주제

모든 인간은 예외 없이 자신의 인생에서 나름대로의 시련을 지니고 있다. 특히 인간에게 있어서 고통과 죽음, 그리고 죄는 피할 수 없으며, 모든 인간의 삶에 스며 있는 내면적인 요소이다. 따라서 인간 삶에 내재되어 있는 고통과 죽음, 그리고 죄에 대한 태도적 의미는 매우 중요하다.

1) 고통의 의미

사람을 지칭할 때 일반적으로 가장 잘 알려진 용어는 '호모 사피엔스(Homo Sapiens)'로서, 이는 지식과 기술을 습득하고 이를 통해 세상을 정복하고 삶에서 성취를 이루는 인간적 특성을 내포하고 있다. 따라서 호모 사피엔스로서의 인간은 명석하고 지혜로우며 유능한 존재임을 의미한다. 지혜로운 현대인은 출세하는 방법이나 사랑하는 법을 알고 있는, 즉 성공과 실패라는 양극단을 수평축으로 두고 그 사이를 움직이는 존재이다.

그러나 Frankl은 인간의 특성 중 또 다른 중요한 측면인 '호모 페이션스(Homo Patience)'에 주목하였다. 고뇌하는 인간을 뜻하는 호모 페이션스는 인간이 어떤 고통을 받든지 간에 그 시련을 인격 도야로 받아들여 인간적 성취를 이끌어 내는 방법을 아는 존재라는 것으로 충족과 절망을 양극단으로 하는 수직축에서 움직인다.

인생에서의 의미가치와 의미상실은 충족과 절망의 양극단 속의 지표를 통해 이해될 수 있다([그림 3-2] 참조). 만일 삶이 성공-실패 그리고 충족-절망 이 두 가지 차원만으로 설명된다고 가정하면, 성공에도 불구하고 절망감에 사로잡혀 있는 사람들도 있을 것이며, 다른 한편으로는 실패에도 불구하고 시련 속에서 의미를 찾아 충족감과 행복감에 도달한 경우도 있을 것이다(Frankl, 2005b).

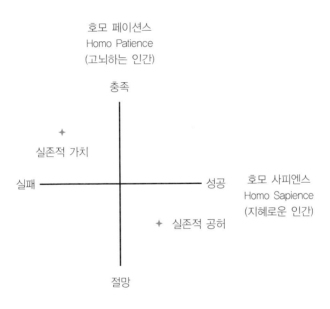

[그림 3-2] 실존적 공허와 실존적 가치

[그림 3-2]에 따르면, 인간은 자신의 삶에서 성공을 통해 충족감을 이룬 사람과 삶의 실패로 인해 절망하는 사람만 있는 것이 아니다. 오히려 성공을 했지만 절망을 하는 사람들이 있는가 하면, 반대로 실패를 했음에도 충족감을 느끼는 사람이 있다. 전자

의 경우는 인생의 무의미함으로 인해 실존적 공허 속에 빠져 있는 사람들이며, 후자의 경우는 자신의 삶에서 의미를 발견하고 실존 적 가치를 실현한 사람을 의미한다.

의미치료에서 인간이 고통을 피할 수 있는 만큼 피해야 한다는 것은 당연한 것으로 여긴다. 그러나 그 고통을 자신의 의지로 바 꿀 수 없다면 그것을 받아들여야 할 뿐만 아니라 의미 있는 어떤 것으로 바꾸어 놓아야 한다(Frankl, 2005a). 인생에 있어서 고통은 어느 누구를 막론하고 피할 수 없는 삶에 내재된 현상이다. 모든 사람들은 살아가면서 크고 작은 고통을 겪고 있으며, 이 고통은 즐거움과 마찬가지로 삶의 경험을 구성하는 불가결한 요소이다.

대부분의 사람에게 있어서 행복을 추구하고 경험하는 것은 삶 에서의 기본적 요소라고 여긴다. 그러나 고통이 자기 삶의 이유 혹은 어떤 의미를 이루고 있는지에 대한 물음에는 선뜻 대답을 하 지 못한다. 대부분의 사람은 고통의 의미에 대한 깊이 있는 성찰 보다는 고통스런 운명 앞에서 좌절하거나 외면하고 회피하는 데 급급한 태도를 보인다. 또한 많은 사람들은 생활 장면에서 감당하 기 어렵다고 느끼는 육체적 또는 심리적 고통을 겪으면서 자신의 삶의 의미가 무엇인지에 대한 의심을 하게 된다(김인석, 2012). 그 러나 인간은 자신의 삶에서 경험하는 고통에 대한 무의미한 반응 이나 태도를 지니게 되면 이로 인해 더 큰 불행이 야기되는 측면 이 있다. 사람에게 삶이 항상 기쁨과 즐거움만을 줄 수 없으며, 삶 의 현실이 버겁고 가뭄처럼 메말라서 즐거움과 창조적 결과가 존 재하지 않아도 인간의 삶에 의미를 부여할 수 있다. 이러한 삶의 특성이 바로 시련의 의미이자 고통의 의미인 것이다.

고통 혹은 역경은 실존주의 철학자들에 의해 여러 내용으로 기술되었다. Jaspers는 고통을 한계상황에 대한 직면으로 묘사하고 있는데, 이는 실현되지 못한 자신의 꿈이나 육체적 한계, 그리고 인간이면 누구나 겪어야 하는 죽음에 이르는 상황을 포함한다. 인간의 본질적 특성은 자신이 삶에서 의미를 추구하고 의미를 주는 역할을 추구하는 것인데, 이것을 가능케 하는 것은 바로 자신만의 정체성이다. 사람은 이러한 자신만의 정체성을 상실했을 때 고통을 경험한다. 그리고 Frankl은 실제 삶의 사건으로부터 부여되는 한계, 그리고 이 한계가 자신의 정체성이나 인간성에까지 미치는 영향이 있을 때 고통을 경험한다고 주장하였다(Breitbart & Poppito, 2019).

때때로 고통은 인생에서 깊은 의미를 지니고 있다. 역설적으로, 삶의 고통으로 인해 고뇌하는 인간은 심리적으로 살아 있다는 의미이다. 인간은 고뇌를 통해 성장하고 성숙해지며, 고뇌는 삶을 더욱 풍부하고 강력하게 해 준다. 고통은 삶의 과정에서 없어서는 안 되는 요소로서 오히려 사람을 성숙하고 성장할 수 있는 가능성을 부여하는 통로가 된다.

Frankl의 의미치료에서 가장 인상적이고도 독창적인 사상은 피할 수 없는 고통과 같이 비극적이고 부정적인 삶의 양상이라 할지라도 역경을 대하는 태도에 따라서 인간적인 업적으로 변화시킬 수 있다는 정신치료적 원리이다. 이는 태도적 가치로서 핵심적인 본질은 변화가 불가능한 것을 수용하는 데 있다. 그런 상황에서 고통은 인간으로 하여금 내면적 시각을 변화시키고 사고의 전환을 가능하게 한다. 예를 들어, 어떤 사람들은 일이나 사랑, 혹은 생활 전반에서 의미를 찾는 자유를 박탈당했을 때 그것을 단지 역경이나 고난이라고만 생각하지 않고 어떻게든 그 상황을 벗어나 자신을 능가하고 성장하고자 한다. 그들이 지닌 이러한 모습에서 인간이 가지고 있는 고유한 가치를 발견하게 되는 것이며 이것이 바로 고난의 의미인 것이다. 여기서 중요하게 생각하고 바라봐야 하는 것은 고난을 성취나 승리 혹은 용감한 행위로 변화시키는 자세, 즉 그들이 취하는 태도이다(Frankl, 1969).

삶의 과제는 바로 의미이며 한 사람이 자신의 삶에서 고통을 겪어야 할 운명을 발견한다면 그는 고통의 현실에 내재해 있는 의미에 주목해야 한다. 이 과제란 바로 그가 고통이라는 무거운 짐을 올바른 태도로 그리고 독자적으로 짊어짐으로써 삶의 의미를 충족시킨다는 의미이다. 따라서 고통은 삶의 의미를 충족시킬 기회이다. 고통을 감내할 수밖에 다른 방도가 없으며 달리 삶의 희망이 없는 사람에게 있어서, 오히려 고통은 삶을 의미 있게 만드는 성취의 기회면서도 태도적 가치를 통해 삶의 목적 자체를 성취하는 것이 될 수 있다(김인석, 2012). 즉, 인간에게 주어진 고난과 고통은 인생이 무감각하게 되거나 권태롭게 느껴지는 것으로부터 보호받음을 의미하는 것이다(윤순임 외, 2005).

아우슈비츠 포로수용소의 감금생활 동안 Frankl의 개인적 경험은 의미와 고통 사이의 관계성에 많은 영향을 끼쳤다. 극한 상황에서 생존하는 과정에서 개인적 의미를 발견할 수 있는가에 대해 Frankl이 스스로에게 던지는 질문이었다. Frankl은 수용소 안에서 경험하는 깊은 절망 속에서 그의 고통과 다른 사람의 고통에 대해 의미를 부여하는 방법을 생각했다. 그는 자신의 고난 속에서 오로지 생존을 지속함으로써만 의미를 줄 수 있다고 결론을 내었다. 그에게 있어서 생존을 지속한다는 것은 다른 의미로 자신의 글을 끝낼 수 있는 것이었고, 공포 그 자체인 아우슈비츠 수용소에서 가치 있는 심리치료 방법을 창조할 수 있는 기회를 의미했다. 수용소에서 어떤 수감자들은 그들을 기다리고 있는 자녀나 배우자를 위해 생존하려 하였다. 어떤 이는 자신의 유일한 인생계획을 위해, 어떤 사람은 수용소의 실체를 세상에 폭로하기 위해, 어떤 이는 복수를 위해 생존하기를 원했다. 또 어느 순간에 Frankl은 Nietzsche의 "나를 죽이지 못한 것이 나를 강하게 한다"라는 말을 기억함으로써 고통의 의미를 발견하였다(Frankl, 1969; Yalom, 2007). 고통이 사람을 보다 나은 태도나 모습으로 변화시킬 수 있다면 그 자체로 의미를 가질 수 있는 것이다. 이는 Frankl이 『죽음의 수용소에서』에서 언급한 "종종 자신을 넘어서서 영적으로 성장할 수 있는 기회가 인간에게 제공되는 경우는 바로 예외적으로 나타나는 힘든 외적 상황이다"라는 것과 같다. 그는 자신의 홀로코스트의 경험을 내적인 힘을 시험하는 것으로 보았고, 그가 그런 극한 상황에 대처한 것을 자랑스럽고 뿌듯하게 여기는 것을 볼 수 있다.

의미치료 상담자들이 내담자에게 의미가 무엇인지를 말해 줄 수는 없다. 그러나 최소한 삶에서 의미가 있다는 것을 보여 줄 수는 있다. 그러한 의미는 모두에게 유용하며, 더 나아가 삶은 어떤 조건에서도 의미를 담고 있다는 사실을 알려 줄 수 있다. 인간은 창의적이고 경험적인 가치뿐만 아니라 태도적 가치를 가지고 자신의 삶의 내용을 풍부하게 만들어 나가야 한다. 그것은 사람이 어떻게 살아야 하고 어떤 태도로 죽음을 맞이하는지, 고통이나 삶을 어떠한 관점으로 바라보고 있는지, 한계상황에 임박했을 때 어떻게 대처하는지, 그리고 그 모든 상황에서 자신의 삶의 의미를 어떻게 찾아가고 있는지에 달려 있다(Breitbart & Poppito, 2019).

의미는 일과 사랑보다, 오히려 각기 다른 차원의 고통 속에서 발견되는 경향이 있다(Frankl, 2005b). 고통의 의미를 발견하고 충족시킨 사람에게는 어떤 면에서 고통은 더 이상 고통이 아니다. 최종적으로 그는 고통에 대한 올바른 태도를 통하여 파멸적인 좌절의 심연으로 떨어지지 않게 되는 것이다(김인석, 2012).

2) 죽음의 의미

인간의 삶에 의미가 있다면 인간의 죽음에도 마찬가지로 의미가 존재한다. 인간의 삶은 그 과정이 불확실하고 종말의 시기는 아무도 예측할 수 없다. 그러나 유일하게 확실한 것은 모든 인간은 죽는다는 것이다. 이것이 의미하는 바는 인생은 단지 일회성일 뿐이며, 모든 인간은 일회성인 자신의 삶을 어떻게 실현시킬 것인가에 대한 문제에 직면해 있다. 또한 일회성인 자신의 삶의 문제는 끊임없는 선택에 달려 있다. 이러한 선택을 통해 인생을 살면서 단 한 번의 실현이 가능해진다는 것이다. 따라서 인간의 유한성은 생명에 대한 의미를 제거하는 것이 아니라 오히려 의미를 부여하는 것이다. 인간 누구나 이 땅에서 소멸되는 종말의 때를 반드시 맞이한다는 것만으로도 매일매일을 가치 있게 활용할 수 있도록 자극을 받고 있는 것이다.

스토아 학파의 철학자들은 죽음을 인생의 가장 중요한 사건이라고 간주하였다. 이는 죽음에서 벗어날 수 있는 인간은 한 명도 없으며, 죽음에 대해 생각하는 것은 삶을 빈약하게 하는 것이 아니라 오히려 풍요롭게 하는 것이라고 확신했기 때문이다(Yalom, 2007). Heidegger 역시 죽음을 인식할 때 인간은 한 차원 높이 이동할 수 있다고 하였다. 만일 인간이 죽지 않고 영원한 시간 속에서 살아간다면 오히려 삶은 더욱 무의미해질 수 있다. 따라서 죽음은 삶에 의미를 부여해 줄 뿐 아니라 사람이 하고 있는 행위 자체를 헛되지 않게 해 주는 긍정적인 차원을 내포하고 있다. Frankl 역시 자신의 경험에서 4~5세경의 아주 어린 시절에 죽음의 실체에 대한 깊은 고민에 빠진 적이 있음을 언급하고 있다. 또한 청소년 시절 죽음으로 결국 허무해지는 삶의 무의미 속에서 번민하던 끝에 결국 삶을 의미있게 하는 것이 죽음이라는 사실을 성찰했다고 고백하고 있다(Frankl & Kreuzer, 1998).

Frankl은 수용소의 경험에서 사람들이 다시는 살아서 돌아갈 수 없다는 것을 인지하면서 사람들의 마음에 변화가 일어나는 것을 관찰하였다. 수용소에 갇힌 사람들에게 있어서 생존에 대한 불확실성은 이미 결론지어진 상황이었으며, 그 후부터는 어떠한 결

말을 맞이할 것인지에 대해 대면하게 되었다. 수용소에서 포로들이 공통적으로 실망을 나타내는 것은 다름 아닌 도대체 얼마 동안 포로의 몸이 되어야 하는지, 즉 기한을 알 수 없는 잠정적 생존이라는 사실이었다. 그리고 잠정적 생존이라는 비현실적 상황을 그저 수동적으로 바라보고 맞닥뜨려야 한다는 자체가 오히려 생존 가능성의 힘을 잃게 하는 중요한 요인이 된다(Frankl, 1996). 마지막을 뜻하는 'Finis'라는 라틴어에는 두 가지 의미가 있는데 하나는 끝이나 완성을 의미하고, 하나는 이루어야 할 목표를 의미한다. 이 의미를 볼 때, 자신의 '일시적인 삶'이 언제 끝날지 알 수 없는 사람은 인생의 궁극적인 목표를 세울 수가 없다는 것과 같다.

미래의 목표를 찾을 수 없어 과거를 회상하는 것에 몰두하는 사람들은 스스로를 퇴행시키고 있는 것과 같다. 수용소에서 처음의 불안이 지나고 나면 곧바로 수용소 생활이 언제 끝날지에 대해 앞을 내다보기 어려운 불가능한 상황으로 말미암은 불안이 찾아들었다. 포로수용소의 수감자들은 공포로 가득 찬 현실을 회피하고자 과거를 회상하려는 경향이 있었다. 그러나 그러한 행동은 오히려 그들의 현실적 삶에 있어 삶의 의지를 잃게 하는 중요한 요인이 되었다. 이후 그들에게 닥치는 모든 일들이 무의미하고 감당할 수 없는 엄청난 일들로 여겨졌다. 만일 그들이 그 상황은 단지 외형적으로 어렵고 일시적이며 언젠가는 끝날 상황이라고 생각했다면 현실을 극복할 초월적인 능력을 발휘하는 자신을 만나고 더욱 성장할 수 있는 기회를 잡았을 수도 있었을 것이다(Frankl, 2012).

일반적인 사람들의 인식 속에 죽음이 전 생애의 의미를 무의미하게 한다는 것, 즉 사람들은 죽음이 모든 것을 무로 돌리기 때문에 결국 모든 삶은 무가치하다는 생각 속에 빠져드는 경향이 있다. 그러나 과연 죽음이 실제로 인생의 의미성을 파괴하는 것인가? 오히려 Frankl은 그 반대적 차원으로 죽음을 바라보았다. 생명이 시간적으로 무한히 계속된다면 당연히 모든 행위는 무한으로 연기될 수밖에 없으며 그것은 오늘 행하건 내일 행하건 결국 같은 것이 되는 것이다. 그러나 인간의 모든 행위는 넘을 수 없는 시간과 능력의 한계 앞에서 죽음을 맞이하기 때문에 생애의 시간을 모두 사용하고 일회적인 삶을 마친다. 인간은 태어나는 순간부터 시간을 사용하라는 강요를 받는다. 유한성, 즉 시간성은 인간 생명의 본질적 특징일 뿐 아니라, 그 의미까지도 결정하는 것이다.

각자의 삶에 대한 책임은 개인의 존재적 특성 역시 유일하다는 개별성과 삶의 일회성 속에서 또한 명료해진다. 개별성과 일회성이라는 인간 실존의 두 본질적 계기 안에서 유한한 삶은 책임과 함께 의미를 드러낼 수 있다. 유한성 자체가 인생에서 의미를 제거하는 것이 아니며 도리어 의미를 부여하는 것이다. 한 인간의 가치는 시간적으로 오래 살았다고 해서 그 의미를 높게 평가할 수 없다. 어떤 인간의 가치도 시간의 길이로 평가되지 않는다. 다만, 어떻게 살았느냐에 따라 평가된다(Frankl, 2002). 죽음은 인간에게 유한한 삶을 최대한 의미 있게 보낼 수 있는 기회를 제공한다. 또한 인간이 최종적으로 죽음에서 벗어날 수 없다는 사실을 자각하고 그것에 직면할 때 인간으로서의 존엄성을 유지하면서 삶의 종말을 맞이할 수 있다는 것 자체에 의미가 있다. 인간의 삶이 유한하기 때문에 현재의 모든 것들이 특별한 의미를 갖게 되는 것이며 (노안영, 2006; Frankl, 1996), 결국 이것은 죽음이 인간 실존에 있어서 진정한 의미를 주고 있다는 사실을 보여 주는 것이다.

3) 죄의 의미

의미치료는 인생의 낙관적인 부분을 강조하면서도 고통이나 죽음, 그리고 죄 등의 비극적인 상황에 대한 의미를 다루고 있다. Frankl은 죄를 인간의 삶에 비극적인 한계상황 중 하나로 보았다. 의미치료에서 Frankl이 언급하는 죄는 인류가 절대자와의 관계에서 지니고 있는 원죄 등 종교적 또는 신학적 개념으로서의 죄가 아니다. 비록 종교적 개념의 죄는 아닐지라도 인간은 어느 누구도 죄라는 속성에서 벗어날 수 없기에 비극적인 한계상황과 관련이 있다. 그러나 인간의 삶 속에서 고통이나 죽음이 인간이 선택할 수 없는 숙명론적인 요인이라면, 죄는 인간이 취할 수 있는 태도이자 자신의 입장을 대변하는 것이라 할 수 있다.

Frankl은 인간의 죄에 대해 언급할 때, 무엇보다도 죄를 발생시키는 여러 생리적, 심리적 그리고 사회적 배경을 충분히 고려해야 함을 강조하였다. 하물며 죄수에게조차 그들의 죄에 대한 행동만을 가지고 이야기하는 것은 환원주의와 마찬가지로 인간을 기계적인 한낱 대상으로 치부하는 것과 같은 것이라고 주장하였다

(Frankl, 2005a). Frankl은 사회적으로 격리되어 있는 죄수일시라도 그를 자유의지와 책임을 지닌 한 사람의 인격체로 대해야 함을 강조하였다. 그는 죄수 역시 자신이 그렇게 대상으로 취급되기보다 자신의 죄에 대한 책임을 지기를 원하는 존재라고 주장하였다. 이는 Scheler의 죄에 대한 개념에 영향을 받은 것으로서, Scheler는 인간이 죄를 지을 수도 있는 권리와 함께 벌을 받아야 하는 권리에 대해 언급하고 있다. 이것은 인간이 죄책감을 느끼면서도 이를 극복할 능력이나 책임이 있음을 의미하는 것이며, 이는 인간만이 지닌 독특한 특성인 것이다.

Frankl에 의하면 인간의 고통과 시련은 외적인 상황에 의해 발생된 것이기에, 대부분의 경우 사람들은 책임을 회피하려고 노력하며 두려움을 주는 상태로부터 도망가려 한다. 그러나 이러한 회피는 오히려 사람들로 하여금 실존적인 공허감에 시달리도록 만든다. 인간은 자신을 바꿀 수 있는 능력이 있기에 자신과 자신의 태도를 변화시킴으로써 시련과 고통을 통제하고 극복할 수 있는 힘을 얻게 되는 것이다. Frankl은 죄에 대한 개념에 있어서도 인간이 죄를 짓는 것 역시 자유이지만 자신의 죄를 극복하고 새로운 사람으로 거듭나는 책임 역시 함께 갖고 있다는 사실을 강조하였다(Frankl, 2005a). 이는 개인적 범죄뿐만 아니라 집단적 범죄의 경우에도 마찬가지이다. 집단적 차원에 있어서도 한 개인의 범죄로 여겨져야 하는 것일 뿐 개인이 또 다른 개인의 행동에 대해 책임을 지는 것은 옳지 않음을 Frankl은 강조하고 있다.

〈표 3-3〉 태도적 가치와 관련된 삶의 세 가지 주제

1. 고통의 의미: 삶의 고통은 인간에게 성숙과 성장가능성을 부여하는 통로가 됨
2. 죽음의 의미: 삶의 유한성은 오히려 인간실존에 진정한 의미를 부여함
3. 죄의 의미: 누구도 죄를 통해 타인을 판단해서는 안 되며, 죄를 지은 사람은 자신의 죄에 대한 책임을 져야 함

4장
의미치료의 증상 및 개입원리

1. 증상에 대한 이해

20세기 산업화 이후 급속한 사회적 변화는 현대인에게 삶의 가치에 대한 혼란과 존재감 상실, 그리고 인간 관계의 위기 등을 통해 삶에 대한 피로감과 무의미를 가중시켰다. 오스트리아 빈의 정신치료 제3학파라 불리는 Frankl의 의미치료 는 제1학파인 Freud의 정신분석과 제2학파인 Adler의 개인심리학 과는 다른 관점으로 현대인들의 심리적 증상을 제시하고 있다. 그 는 현대인이 정신적 위기로 인해 우울, 불안, 자살, 중독, 강박, 의 존 등의 고통을 느끼고 있다는 점을 강조하였다. 따라서 의미치료 에서는 심리적 증상의 원인을 단순히 심리적 요인의 원인이 아니 라 정신적 차원에서의 내적 갈등과 실존적 욕구의 좌절에서 비롯 되는 현상으로 규정하고 있다. Frankl은 모든 심리적 증상 이면에 실존적 공허나 좌절이 존재한다는 사실을 발견하였다. 그는 현대 인에게 있어서 무엇보다도 실존적 공허나 좌절이 진정한 심리적 증상의 원인이라는 사실을 깨달았으며 죽음의 수용소에서의 경험은 그에게 확신을 주었다. Frankl의 의미치료는 단순히 기존 심리 요법의 한계를 넘어서거나 확장하였다기보다는, 이것이 가진 기본적인 한계를 확인하고 인간의 심리적 문제에 대한 다른 차원을 통한 이해와 해결적 접근을 위한 것이었다.

Frankl은 자신에게 상담을 받은 신경증 환자들의 대부분에게 나타난 문제의 원인이 유전적인 것이기보다는 삶의 과정에서 스며든 인생의 무의미에서 온 것이라는 사실을 발견하였다. 이러한 무의미로 말미암은 심리적 위기는 Frankl이 활동하던 당시 빈 병원의 환자 50% 이상에서 공통적으로 발생했을 정도로 훨씬 더 일반적이라고 주장하였다. 그는 심리적 증상의 원인이 되는 실존적 좌절과 공허를 논하면서 이로 인해 발생하는 신경증을 새로운 시각으로 제시하였으며, 이를 누제닉(noogenic) 신경증과 집단적 신경증이라고 언급하였다.

1) 실존적 좌절과 실존적 공허

현대사회에서 좌절감은 많은 사람들의 주요한 감정으로 자리 잡고 있으며, 이러한 좌절감으로 인해 그들이 느끼는 삶의 공허에 대한 목소리를 쉽게 들을 수 있다. 물질적으로 많은 것을 가지고 있다고 해서 공허감에 빠지지 않는 것은 아니다. 오히려 모든

것을 가진 사람이 삶의 의미가 무엇인지를 운운하며 인생의 무의
미함에 대해 불평을 하고 있다. 오늘날 무엇보다 많은 사람들에게
있어서 의미를 찾고자 하는 의지가 자주 좌절됨을 알 수 있다. 이
를 Frankl은 실존적 공허(existential vacuum)라고 명명하였다. 현
대인들은 일반적인 질병으로 인한 증상보다 삶 속에서 의미결핍
혹은 정체성의 결여로 인해 더 많은 고통을 경험하고 있다. 실제
로 현대인에게는 마음의 고통 대신 오히려 권태로움이 새로운 심
리적 문제의 원인이 된다는 사실이 증명되고 있다.

인간은 신체적, 심리적, 영적 차원을 지닌 전인적 복합체로서
살아가고 있기 때문에 어느 것 하나가 결핍되거나 균형을 잃으면
건강하고 풍요로운 삶을 누릴 수 없다(Frankl, 2008). 그러나 무엇
보다도 인간 자신이 가치 있는 삶을 영위하기 위한 진정한 동기는
의미를 가지려고 하는 의지다. 생활에서 의미를 발견하려고 하는
강렬한 내적 동기는 행동적 추구를 실행할 수 있는 힘을 주는 것
이다. 이러한 동기나 욕구가 결여된 채 삶에 있어서 무관심한 태
도를 가지게 될 때 인간은 내면이 텅 빈 것과 같은 공허감에 빠지
게 되는 것이다.

Frankl은 실존적 공허를 때때로 실존적 좌절이라는 개념으로도
사용했는데 실존적 공허와 실존적 좌절은 공통된 현상이고 이는
한 개인에게서 나타나는 권태, 냉담, 공허의 주관적인 상태로 특
징지어진다. 인간이 삶의 의미를 발견하지 못하거나 삶의 의지를
갖지 못하였을 때 Frankl이 언급한 실존적 공허나 실존적 좌절의
상태에 빠지게 된다([그림 4-1] 참조).

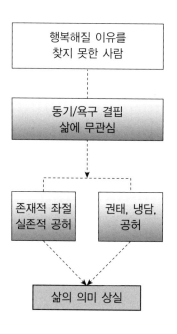

[그림 4-1] 삶의 의미 상실 과정

　오늘날 정신적인 문제를 겪고 있는 사람들의 공통적인 특성은
삶의 의미가 상실된 것이다. 20세기 이후 산업화와 정보화 시대
를 거친 사회의 발전 속도는 상상이 불가능하리만큼 점점 더 급속
도로 빨라지고 있다. 또한 인류가 지닌 보편적인 가치가 쇠퇴하
고 전통이 붕괴되며 사라지는 시대에 살고 있다. 이러한 시대에서
인간은 자신의 유일한 의미를 발견함으로써 새로운 가치를 만들
기보다는 오히려 그 반대의 현상인 무의미에 빠지는 현상이 일어
나고 있다. Frankl이 이미 예견하였듯이 복잡한 삶 속에서 선택을
강요당하는 사회적 현상으로 점점 더 많은 사람들이 삶의 목적상
실과 공허감, 즉 실존적 공허라는 감정에 사로잡혀 살아가고 있는

것이다(Frankl, 2012). 오늘날의 인간은 많은 심리적 불안과 정서적 갈등 속에서 본래의 자기 모습을 상실하고 삶의 확신을 가지지 못한 채 표류하고 있다. 이러한 근본적 문제는 현대인들이 심리적 공허감과 상실감으로부터 벗어나기 위해 끊임없이 무엇인가를 소유하고 성취함으로써 채우겠다는 잘못된 생각을 갖기 때문에 생겨난다. 현대의 많은 사람들이 외부의 피상적 조건을 채움으로써 삶의 질을 향상시키고 의미를 충족하려는 그릇된 신념에 사로잡히게 한다(한미희, 2009).

Frankl에 따르면 실존적 공허는 삶의 의미와 목적이 결여된 상태로서 '의미에의 의지'가 좌절된 결과이다. 이처럼 의미에의 의지가 좌절되어 있는 상태를 실존적 좌절이라고 한다. 이러한 좌절은 때때로 '권력에의 의지' 또는 '쾌락에의 의지'에 의해 일시적이거나 혹은 부분적으로 보상된다. 실제로 실존적 좌절은 그 자체로서는 병적인 것도 아니고 병의 원인도 아니다. Frankl에 의하면 모든 갈등이나 좌절이 반드시 신경증은 아니고 모든 고통이 반드시 병적인 현상이 아닌 것처럼 실존적 좌절 자체는 영적인 고통은 될지언정 결코 정신병은 될 수 없다. 의미에의 추구는 심적인 평정 대신 긴장을 경험케 하지만, 이러한 긴장은 병적인 것이 아니라 오히려 정신건강의 필요불가결한 선행조건이다. 정신건강은 어느 정도의 긴장, 즉 현실과 당위성 간의 긴장이라는 토대 위에 이루어진다. 이때 건강한 사람이 필요로 하는 것은 긴장의 해소가 아닌 자신이 성취해야 할 의미와 그것을 성취하지 않으면 안 되는 그 사람 내면의 양극적 긴장이다. 이러한 현상을 Frankl은 '심령적 역동(noodynamic)'이라고 하였다.

그러나 중요한 것은 인간은 동물과 달리 욕구와 본능에 의해서만 행동하지 않는 존재라는 것이다. 현대인들은 특히 과거의 사람들과는 달리 무조건 순응하는 존재가 아니다. 자신이 무엇을 해야하고 무엇에 순응해야 하는지를 아는 사람은 오히려 실존적 공허에 빠질 가능성이 희박하다. 오히려 사람들이 의미에 대한 가치를 비록 알지라도, 정작 무엇을 행해야 하고 무엇에 순응해야 하는지를 모르며 심지어는 자신이 원하는 것이 무엇인지조차 인식하지 못할 때 이것이 진정으로 문제라는 것이다(Frankl, 2013). 이러한 실존적 공허감을 경험하는 사람들에게 결과적으로 나타나는 것이 신경증(neuroticism)이다. 특히 허무주의에 익숙해진 현대인들에게 있어서 삶은 그저 냉소적이고 가치 없는 것이 되고 마는 것이다.

실존적 공허 혹은 실존적 좌절은 흔히 권태의 경험으로 표현된다. 더 나아가 실존적 좌절은 우울증과 자살을 유발하기도 한다(Frankl, 2013; [그림 4-2] 참조). 실제로 많은 젊은이들이 자신의 인생에 의미가 없음을 인식했을 때 자살에 대한 생각을 하게 된다. Frankl은 이러한 권태나 무료함으로 삶의 의미가 결여되어 있는 상태의 예로 일요병(sunday neurosis)을 들고 있다. 일요병은 일중독에 걸려 있는 사람이 휴일이나 주말에 명확하게 할 일이 없을 때 안절부절못하고 심장이 두근거리며 불안해하는 증상을 경험하는 것을 의미한다. 이러한 현상은 은퇴를 앞두거나 은퇴한 사람들이 더 이상 이전처럼 기능할 수 없고 해야 할 일이 없을 때 극심한 허무감이나 불안을 겪는 것과도 유사하다.

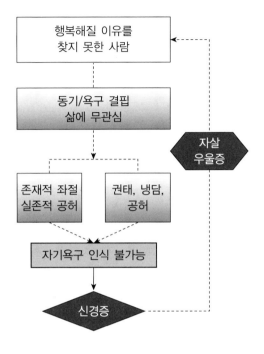

[그림 4-2] 신경증 발생 과정

　오늘날 많은 사람이 삶에 회의를 느끼거나 삶의 의미를 찾지 못
해 심리적인 고통을 느끼며 전문상담자 혹은 정신과 의사를 찾아
간다. Frankl은 이와 같은 현상을 심인성 신경증이나 신체적 신경
증과 구별하여 누제닉(영인성) 신경증(noogenic neurosis)이라 명
명하였다. 이는 인간이 의미와 가치를 추구하는 경향을 상실할 때
나타나는 증상으로 헌신할 과제가 없는 것, 즉 삶의 의미를 잃어
버린 것으로 말미암아 나타나는 심리적 고통이나 질병을 뜻한다.
인간은 삶에서 많은 일과 스트레스 때문에 정신질환이 생길 수도
있지만, 그와 반대로 실존적 좌절의 시대에서는 오히려 할 일이

너무 없거나 무료함으로 인해 질병이 생길 수 있다(Frankl, 2017). 실제로 인간은 긴장을 피하는 것이 중요한 것이 아니라 오히려 어느 정도 건강하고 적절한 긴장이 필요하다. 이와 같이 실존적 욕구에 대한 좌절(existential frustration) 혹은 이로 인한 실존적 공허는 인간이 자기 삶의 의미를 상실한 상태에 빠진 것을 말한다.

인간이 자신의 삶에 있어서 궁극적인 가치와 의미를 찾고자 하는 노력이 좌절됨으로 오는 이러한 정신적 위기현상은 기본적으로 삶에 대한 의미발견의 위기이다(김정현, 2009). 인간은 삶의 과정에서 끊임없이 고민하고 결단해야 하는 존재로서 자기 삶에 대한 의미가 상실되면 균형을 잃고 살아갈 수밖에 없다. 특히 현대인들이 이러한 무의미를 견디는 것 자체가 삶의 가장 큰 고통이다. 실존적 공허나 좌절에서 발현되는 이러한 고통은 신경증적 질병이 아닌 실존의 위기에서 오는 정신적 고통이기에 정신의학적 약물치료로는 해결되기 어렵다.

현시대를 살아가고 있는 대부분의 사람은 어느 정도 실존적 공허나 실존적 좌절을 경험하고 있다. 어쩌면 이러한 실존적 무의미감은 한 사람이 살아가는 동안 사춘기나 은퇴 또는 위기상황과 같은 특정 시기를 거치면서 반드시 겪게 되는 현상이다. 일상에서의 실존적 혼란과 의문은 점점 심각한 실존적(정신적, 심령적) 신경증을 가져오고, 그렇게 되면 사람은 이 실존적 공허감을 채우기 위해 의식적이든 무의식적이든 중독, 강박증, 공포증과 같은 자기파괴적 행동에 빠지게 된다(Frankl, 2012).

그러나 인간이 갈등을 겪는다고 해서 다 신경질환이라고 말할 수 없다. 어느 정도의 갈등은 정상적이고 건강한 것이기 때문이다. 같은 의미에서 심한 고통이라 할지라도 역시 모두 병적인 현상이라고 할 수 없다. 특히 그 고통이 실존적 좌절 때문에 생긴 경우에는 그것을 신경질환이라기보다는 인간적인 성취를 위한 동기로 보아야 한다. 실존적 좌절 그 자체는 병적인 것도 병의 원인도 아니다. 가치 있는 삶에 대한 인간의 관심은 물론이고 심지어는 그것에 대한 절망도 실존적 고민이지 정신질환이라 할 수 없다.

Frankl의 의미치료는 기본적으로 내담자가 삶에서 의미를 발견할 수 있도록 도와주는 것이다. 의미치료는 정신질환의 치료뿐만 아니라 이 같은 실존적 좌절을 겪고 있거나, 실존적 공허 속에서 살고 있거나, 누제닉 신경증에 시달리고 있는 사람들에게 다시금 삶의 의미를 재발견하여 자기 인생의 의미와 가치를 깨닫게 하고 인생의 목표와 책임을 가지게 하는 것을 주된 목적으로 하고 있다(김춘경 외, 2010). Frankl은 종종 "왜 사는지를 아는 사람은 어떻게 살아야 하는지를 알고 견뎌 낼 수 있다"는 Nietzsche의 말을 인용하였다(Frankl, 2012). 그러나 주의할 것은 상담자는 내담자가 삶의 의미를 창조하도록 돕는 것이 아니라 발견하도록 돕는 것이다(Frankl, 2017). 이를 위해 내담자가 실존적 공허로부터 벗어나기 위해서는 스스로 실존의 상황을 직시하고 받아들이는 것이 필요하다. 이는 실존적 공허가 개인이 자신의 실존적 상황을 받아들이지 않는 데에서부터 비롯되는 것으로 간주되기 때문이다.

결론적으로 실존적 공허를 치유하는 방식은 삶에 대한 건전한 철학을 개발하는 데 있다. 건전한 삶의 철학이란 바로 삶이 모든 사람에게 의미를 제공한다는 점을 보증하는 철학을 의미한다(이영의, 2014; Frankl, 1969). 그런데 여기서 중요한 점은 삶의 의미는 자신의 삶에 있어서 개별적이고 특정한 가치를 현실적으로 구현시키는 선택에 의해서만 발견될 수 있다는 점이다. 이는 Frankl의 의미치료가 지니고 있는 기본적 개념으로 볼 때 '의미에의 의지'뿐만 아니라 의지에 따른 행위적 실행에 대한 중요성을 강조하고 있는 것이다.

2) 누제닉 신경증

의미치료의 시각으로 볼 때 삶의 의미가 없는 것은 일종의 신경증이다. Frankl은 이러한 상태를 개인 내부의 어떤 심리적 갈등에서 생기는 일반적 신경증과 구분하기 위해 누제닉(영인성) 신경증(noogenic neurosis)이라는 용어를 만들어 냈다. 그리스어에서 'noos'는 마음이라는 뜻이다. 그러므로 누제닉 신경증의 상태는 무의미, 무익함, 무목적, 공허감이 특징이다(김춘경 외, 2010). 이런 누제닉 신경증을 가진 사람은 삶의 충만감과 설렘 대신에 Frankl이 현대에 만연해 있다고 믿는 무의미와 권태로움 속에서 살아간다.

Frankl은 무의미의 증상을 두 단계로 구분했다. 이는 실존적 공허와 실존적 차원에서의 신경증이다. 만일 내담자가 무의미의 분명한 감정에 더하여 명백하게 임상적으로 신경증적 증후를 나타낸다면 이는 실존적 차원에서 겪는 신경증이라 할 수 있으며 이는 바로 누제닉 신경증을 의미한다. 내담자에게 실존적 공허와 좌절이 발생하면 내담자는 그러한 공허를 채우려 할 것이고 이는 때때로 신경증적 증후를 보이는 방향으로 진행될 수 있다. 이렇게 나타나는 신경증은 임상적으로 볼 때 일종의 신경증 형태를 나타내고 있다. 이는 알코올 중독, 우울증, 강박증, 권태, 성적인 집착, 충동적 행동 등 다양한 형태를 보이게 된다. 그러나 일반적인 신경증에서 이러한 누제닉 신경증을 구별하는 것은 증상들이 의미를 방해하는 의지의 표현이라는 점이다. 행동적인 양식 또한 무의미의 위기를 반영한다(Yalom, 2007).

누제닉 신경증은 오늘날의 현대인들이 기존의 프로이트식 관점의 욕망과 본능 사이의 갈등으로 인해 생기는 신경증이 아닌 삶의 실존적 문제, 즉 삶의 무의미성에서 오는 실존적 절망상태로부터 유발된다. 그러나 이러한 증상은 병리적인 현상이라기보다는 모든 사람이 일상에서 겪을 수 있는 정상적인 특성으로서, 삶의 가치에 대한 고민이 강할수록 내면 세계는 더욱더 무의미와 공허감으로 인한 누제닉 신경증 증상을 보이게 되는 것이다(김정현, 2010).

정신분석가였던 Freud는 신경증을 심리적 억압으로 인해 발생하는 무의식적 산물로 이해하였다. 개인심리학의 주창자인 Adler는 신경증이 억압으로 인해 유발되는 것으로 설명하는 Freud의 견해와 유사하나 신경증을 경험하는 사람들은 스스로 현실로부터 도피하려고 타협하는 특징이 있다는 사실을 강조한다. 이러한 현상을 Adler는 자기 자신을 책임 없는 사람으로 만들어 버리기 위한 시도로 설명하고 있다. 개인심리학의 견지에서 타협은 내담자가 자신의 책임감 없음을 정당화시키려는 시도이자 심리적 질환을 합리화시키려는 자기 자신에 대한 정당화의 시도이다. 결국 신경증과 관련하여 정신분석에서는 자아의 기능을 약화시키는 것이며, 개인심리학에서는 책임감에 대한 회피를 의미하는 것이라고 하였다. 그러나 의미치료에서 강조하는 신경증의 특징은 삶의 가치나 의미, 혹은 양심에 대한 갈등 등 실존적인 문제가 가장 중요한 문제의 원인으로 간주된다. 무엇보다 가장 큰 신경증의 원인은 삶의 의미에 대한 상실, 즉 실존적 좌절과 허무함으로 인한 것으로서 이는 인간의 영적 또는 실존적 차원과 관련되어 있는 누제닉 신경증이다(Fabry, 1985; Frankl, 2012).

인간이 삶의 의미를 발견했을 때 그 의미는 자신의 행동력을 강화시키거나 삶에 활력을 주는 동인이 된다. 하지만 무의미는 현대인의 생활에 신경증을 유발해 심리적 질병을 야기시킨다(김충렬, 2005). 인간이 삶에서 무의미함을 느낄 때 실존적 공허감 속에 빠지게 된다. 이때 사람은 그 공허감을 메우기 위해 무엇인가를 채워 넣음으로써 일시적으로 병이 악화되는 것을 막을 수 있다. 그러나 지속되는 공허감에 방치되거나 이를 극복하기 위해 어떤 대체물에 지나치게 집중하거나 집착하게 되면 신경증을 유발시키는 원인이 된다.

이와 같은 맥락에서 Frankl은 행복추구 자체가 때로는 행복을 방해한다고 하였다. 또한 의미를 찾으려는 의지가 좌절되면 쾌락을 추구하려는 경향이 생겨나게 되는데 실존적 좌절을 겪은 사람들에게서 보이는 성적 탐닉 및 중독의 행위가 바로 그것이다. 인간의 즐거움이나 행복은 개인이 삶 속에서 의미와 목표를 성취할 때 생기게 되는 부차적인 효과이다(박정희, 2011). 만일 인간이 행복을 추구하고자 노력하거나 지나친 관심을 부여하는 순간, 오히려 행복은 열망의 대상이 되어 그 자체가 소멸되어 버린다. 따라서 인간은 행복에 대해 과도한 관심을 기울이기보다 삶의 목표를 실행하는 과정에서 자연스럽게 부가적으로 획득하는 선물로 인식하여야 한다([그림 4-3] 참조).

의미치료는 인간을 충동이나 본능에 충실한 주체로 단순화시키기보다 의미를 달성하고 가치를 실현하는 데 주요한 관심을 보이는 존재로서 간주한다. 사람이 자신의 불행과 절망에만 매달리지 않고 삶에 주어진 의미를 발견하기 위해 노력할 때 자기실현을 위한 행복과 더불어 성취를 통한 쾌락이 저절로 따라오게 되는 것이다. 따라서 의미치료에서는 내담자의 삶 속에서 성취해야 할 인간 실존의 의미와 의미에의 의지를 다룸으로써 누제닉 신경증을 효과적으로 해결하려 한다(윤순임 외, 2005). 이러한 누제닉 신경증의 치료를 위해서는 인간의 억압된 무의식이나 의식적 책임성만을 강조하는 일반 심리치료를 통해 접근하기보다 인간의 영적 차원을 다루는 의미치료를 통해 접근이 가능하다. 이러한 의미로 볼 때, 상담자는 인간의 영적 차원에 대한 이해와 의미치료가 갖는 다른 일반 상담치료와의 차별성을 이해하는 능력을 가져야 한다.

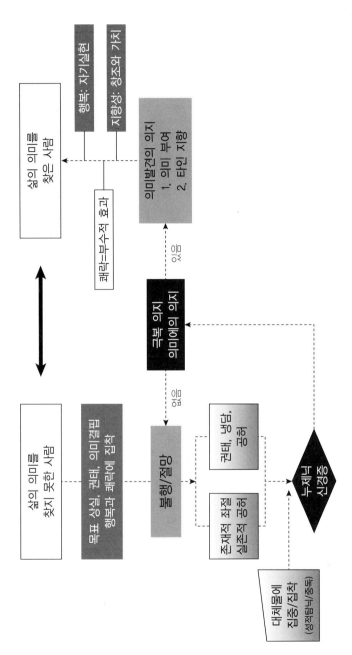

[그림 4-3] 누제닉 신경증 극복 과정

〈표 4-1〉 누제닉 신경증자의 특징

1. 삶의 무의미에서 비롯되는 실존적 절망상태
2. 실존적 공허 혹은 실존적 좌절로 말미암은 신경증
3. 공허감을 대체할 무엇인가에 지나치게 집착하거나 행복에 집착

3) 집단신경증

사람이 자신의 삶을 살아가는 데 있어서 고뇌는 생명력을 가진 의미 있는 것으로 여겨진다. 즉, 고뇌를 한다는 것은 생명 안에 속해 있음을 의미하는 것이기에 이를 견디어 낸다면 새롭게 탄생하고 의미를 갖게 되는 것이라 할 수 있다. 그러나 현대를 살아가는 인간은 자신의 의미를 추구하려는 의지에 있어서 나약한 측면이 있다. 이로 인해 운명이나 죽음을 쉽게 받아들이는 경향이 있는데 이는 우울증이나 강박증뿐만 아니라 중독이나 자살, 타인에 대한 분노나 공격성 등 파괴적인 현상으로 이어진다.

또한 오늘날 실존적 공허나 무의미감으로 인해 나타나는 이러한 현상들은 사회적 차원에서도 집단적으로 발생하는 특성이 있는데 Frankl은 이를 집단적 신경증(collective neurosis)이라고 불렀다. 의미를 상실한 실존적 공허가 20세기 이후 인간의 삶 속에 나타나는 가장 흔한 현상이며, 공허감과 좌절감은 현대사회에서 다양한 형태의 집단신경증 증세로 나타나고 있다.

집단적 신경증은 마치 내일이 없는 듯이 인생을 사는 임시적 태도, 자신의 삶을 통제할 수 없는 것처럼 행동하는 숙명론적 태

도, 자신의 개성을 부정하는 집단주의적 사고, 다르게 사고하는 사람들의 개성을 부정하는 광신주의적 태도로 나타난다(Frankl, 2005a).

집단신경증의 특성인 임시적 태도는 자신의 인생에서 내일에 대한 기대감이 없이 그저 순간만을 사는 것처럼 하루하루를 살아가는 것이다. 이러한 삶은 자신의 본능이 이끄는 대로 살아가는 사람들의 특성이라 할 수 있다. 그들에게 있어서 삶이란 애써 개척할 필요가 없는 것이기에 주어진 오늘은 그저 쾌락에 만족하면 그만이며 어떤 내일이 올지에 대해서는 불안으로 가득 찬 삶을 뜻한다. 그들은 어떠한 목표를 세우거나 미래지향적 행동을 하지 못하고 희망이 사라진 삶을 살아가게 되는 것이다. 그들의 삶에 나타나는 불안은 예기불안으로서 불필요한 걱정과 공포로 인해 삶을 낭비하는 것이라 할 수 있다.

숙명론적 태도는 자신의 외적 상황, 즉 운명에 자신을 내맡기게 되는 것을 의미한다. 이러한 운명에 대한 믿음은 결국 자신이 무엇인가를 노력할 필요가 없이 그저 주어지는 삶 자체를 숙명적으로 받아들이는 태도를 취하게 함으로써 인간으로 하여금 더 이상 의미를 찾을 필요가 없게 만들어 버린다. 이때 자연스럽게 생기게 되는 내면의 황량함과 공허는 모든 것의 부질없음과 허망함을 느끼게 만든다. 결국 숙명론적 태도는 인간으로 하여금 자신의 의미를 찾는 행동이나 의지에 대한 좌절과 허무감을 안겨 주게 되는 것이다.

또한 집단주의적 사고는 개인이 아닌 대중의 사고로 인해 스스로 자신의 고유한 가치성이나 개성을 상실하는 것을 의미한다. 개인성의 상실은 공동체나 사회를 위해 개인이 희생되는 것처럼 보이지만 실제로는 개인이 자신의 삶에 져야 하는 책임을 회피하는 것을 의미한다. 어떤 사람이 개인적 존재이기보다 집단의 구성원이기를 원하게 되면, 결국 그는 자신의 자유를 활용할 필요가 없으며 그로 인한 책임을 지지 않아도 되는 것이다. 이러한 집단주의적 사고에 매몰되는 사람들은 더 나아가 집단주의적 사고를 넘어 광신주의에 빠지게 된다.

집단신경증의 특성인 광신주의적 태도는 소수의 집권자들에게 개인들의 생각을 대신하여 결정 내리도록 허용하는 것을 의미한다. 집단적 광신주의에서 개인은 정치적 또는 종교적 목적을 위해 이용당하는 하나의 도구에 불과하다. 광신주의는 결국 다른 사람들의 개성이나 고유의 가치성을 무시하고 다르게 사고하는 사람들을 부정한다. Frankl은 집단신경증의 이런 네 가지 특성들을 인간이 지닌 고유한 실존적 특성으로부터 벗어나려는, 특히 책임에 대한 두려움과 자유로부터 도피하기 위해 발생하는 현상으로 보았다(Frankl, 2005a).

오늘날의 집단신경증 증상 가운데 하나라고 볼 수 있는 실존적 공허는 허무주의의 형태로 나타나는데 이는 기본적으로 의미상실감을 나타낸다. 의미를 상실함에 있어 인간은 우울증, 공격성 혹은 중독성 같은 증상을 보일 수 있는 것이다. 일반적으로 집단신경증을 설명하는 기본적인 세 가지의 특성으로 우울, 공격성 그리고 중독의 결합을 들 수 있으며 이는 현대인들이 직면한 실존적 공허의 증상에 해당되는 것이다. 집단신경증 역시 현대인에게 있어서 만연한 증상이자 우울증이나 공황장애, 자해 및 자살, 분노 조절장애 및 주의력 결핍 과잉행동 장애, 약물 및 게임중독장애, 각종 성격장애로 표면화될 수 있다([그림 4-4] 참조).

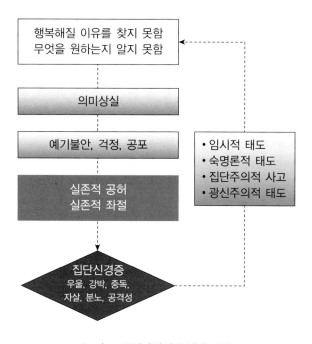

[그림 4-4] 집단신경증 발병 과정

인간은 기본적으로 미래에 대한 계획과 도전정신 없이 존재하기 어려우며 현재는 미래를 향한 시선으로 유지되고 동기화된다. 만일 인간이 미래에 대한 희망과 계획을 상실하게 된다면 자신의 내면 세계나 경험 등 모든 것을 상실하는 것이라 할 수 있다. 미래에 대한 기대감이 없는 데서 오는 심리적 붕괴는 무감각에 빠지게 하는 것이다. Frankl이 수용소에 있었을 당시 한 포로가 꿈을 꾸었는데 그는 이를 통해 미래를 예견할 수 있다고 장담하였다. 그리고 그는 3월 30일에 전쟁이 끝날 것이라 선포하였다. 그러나 막상 29일이 되고 종결의 기미가 보이지 않자 실망한 나머지 고열로 섬망 상태에 빠져 병실로 옮겨진 뒤 다음날 사망했다. 이는 신체에 용기와 권태감 등이 얼마나 크게 작용하며 감정상태에 의존하고 있는가를 설명한다. 이러한 현상은 비단 개인뿐만 아니라 집단에서도 나타났는데, 크리스마스에 석방될 것을 기대하던 수감자들이 기대가 좌절되자 여러 질환과 악재에 시달려 사망자가 발생하는 예가 바로 그러하다(Frankl, 2012).

오늘날 현대인들에게 자주 보이는 집단적 신경증의 전형적인 증상이라 할 수 있는 우울증은 자살로 이어지는 비극을 초래한다. 자살은 실존적 허무가 중요한 원인으로서 삶의 무의미를 촉발시키고 삶 속에서 행동화되는 것이다. 만일 생을 살아가려는 인간의 의지가 존재한다면 그와 반대되는 자살은 인간의 이러한 의지를 무너뜨리는 실존적 허무개념을 바탕으로 하는 행위인 것이다(이영의, 2014). 의미의 상실은 오늘날 집단신경증의 기본적인 원인이며 이로 인해 현대인은 의미상실 감정에 지배당하는 실존적 공허에 빠지게 된다. 현대사회 혹은 삶은 인간들에게 무엇을 해야 하는지 말해 주지 못하고 있으며, 또 현대인 자신이 무엇을 하고 싶은지 더 이상 알지 못하는 모습이 되고 있다. 이로 인해 자신의 삶을 살기보다 타인들을 따라 하기 시작하는 것이 또 다른 획일주의와 순응주의에 빠지게 되고 이는 집단신경증에 함몰되게 만든다(Frankl, 2017).

〈표 4-2〉 집단신경증자의 특징

1. 임시적 태도: 마치 내일이 없는 듯 기대감 없는 삶을 살아감
2. 숙명론적 태도: 자신의 외적 상황이나 운명에 자기 삶을 내맡기려 함
3. 집단주의적 사고: 대중적 사고로 자신의 고유한 가치 및 개성을 상실함
4. 광신주의적 태도: 소수의 집권자들이 개인들의 생각을 대신하고 결정하도 록 허용함

4) 불안신경증

현대사회는 과거보다 물질적으로 훨씬 더 풍요로운 시대이다. 그러나 이러한 풍요로움에도 불구하고 현대를 살아가는 사람들은 내면적으로 더 많은 불안을 느끼며 살아가고 있다. 때때로 불안은 인간이 어떠한 위험한 상황을 피하려고 할 때 보이는 생물학적 위험신호에 대한 자연스런 반응일 수도 있다. 이러한 불안 상황에서 자연스럽게 대처하는 방법을 습득하면 불안은 사라지게 된다. 그러나 불안한 상태가 지속될 경우 불안신경증으로 발병될 수 있다. 환원주의적 심리치료에서는 불안신경증의 주요 원인을 일반적으로 어린 시절 경험한 트라우마나 콤플렉스로 인식하는 경향이 있다. Frankl은 이러한 불안신경증이 어린 시절에 경험한 외상이나 뿌리 깊은 아픔, 혹은 콤플렉스로 인해 발생할 수 있다는 사실을 부인하지는 않는다. 그러나 그는 어린 시절의 경험이나 환경보다도 개인적인 특성과 자신이 했던 경험에 대해 어떠한 태도를 보이

는지를 살펴보는 것이 더욱 중요하다는 것을 강조하였다.

　의미치료에서는 불안신경증이 다른 요인보다도 개인의 내적인 불만족으로 말미암는 사실에 대해 주의를 기울인다. 따라서 Frankl은 불안을 치유하기 위한 방법으로 삶의 과정에서 성취할 수 있는 적절한 과업이 주어져야만 한다고 주장하였다. 인간이 육체적인 면이나 정신적인 면에서 건강을 유지하기 위해서는 반드시 적절한 삶의 목표가 있어야 한다(Frankl, 2008).

　특히 개인의 경우, 자기가 아닌 타인을 향한 헌신 혹은 사랑의 마음이 있으며, 이와 관련하여 삶에 대한 의미가 있을 때 열심히 노력해 자신의 주어진 삶을 살게 된다. 무엇보다도 의미치료에서는 누군가를 사랑할 때, 또는 가치 있거나 의미 있는 일을 할 때에야 비로소 인간은 진정한 자기 자신을 만나게 되며 자아완성을 이루게 됨을 강조한다. 즉, 인간은 진정으로 자기 자신을 만나거나 자아완성을 이루어갈 때 비로소 삶의 불안으로부터 근본적으로 벗어날 수 있다. 만일 자신이 지향해야 하는 타자가 존재하지 않을 경우, 혹은 누군가를 사랑하지만 그 관계를 발전시킬 힘이 없다고 스스로 좌절하는 경우나 비록 관계적 발전을 시도했으나 타인으로부터 거절당한 경우, 인간은 관계에 관심을 갖기보다는 과업에 지나치게 몰두하게 되며 이로 이해 의미상실의 불만족이 내면에 축적되고 결국은 신경증에 사로잡히게 되는 것이다.

　즉, [그림 4-5]에서 보는 바와 같이, 스스로 가치가 없다고 생각하거나 거절당할 것이라고 여겨 의기소침해지거나 혹은 타인으로부터 거절당했을 경우, 과업이나 쾌락을 추구하는 것에 몰두하지

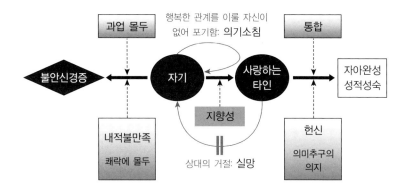

[그림 4-5] 불안신경증 발병 과정

만 이러한 자신의 의지는 오히려 실존적 좌절감과 허탈감만을 주게 된다. 이로 인한 불안상태가 지속되면서 급기야는 신경증이 발병하게 되는 것이다.

또한 인간이면 누구나 갖고 있는 불안이 있으며 이는 바로 실존적 불안이라 할 수 있다. 인간이라면 누구나 죽음을 경험해야 하고, 자신에게 닥쳐오는 죽음에 대해 스스로 알고 있는데, 이는 인간 누구에게나 불안을 안겨 준다. 이것은 인간 누구에게나 존재하는 실존적 불안이지만 어떤 사람은 이러한 불안을 건강염려증으로 나타내거나 특정 질병에 집착하는 경우도 있다. 의미치료에서는 이러한 불안이나 염려들을 개인이 자신의 질병을 통해 타인에게 힘을 행사하려는 하나의 수단으로 활용하는 동시에 스스로를 합리화하는 목적으로 인식하고 있다. 이러한 내담자들에게 기존의 정신분석학적 접근이나 인과적 해석은 오히려 그들의 반발을 일으키게 된다. 의미치료에서는 소크라테스적 대화법을 통해 그들이 스스로 자신의 불안을 인지할 수 있도록 도와주며, 이러한 불안이 이차이득의 목적으로 또 다른 심리적 질병을 야기하고 있다는 사실을 깨닫도록 도와주고 있다. 이와 더불어 상담자는 죽음이 누구에게나 당면한 과제이며 비록 불안을 완전히 제거할 수는 없지만, 인생 가운데 존재하고 있는 삶의 의미를 재발견하게 되면 불안은 극복될 수 있다는 사실을 자연스럽게 알 수 있도록 도와주어야 한다(Frankl, 2005a).

〈표 4-3〉 불안신경증자의 특징

1. 내적불만족이 있으며 이를 해결하기 위해 과도하게 과업에 몰두함
2. 타인을 향한 사랑/헌신의 마음에 대한 자신감 부족으로 의기소침 혹은 실망감 느낌
3. 누구나 경험하는 죽음에 대한 불안이 건강염려증/특정 질병에 집착하는 경향
4. 자신의 불안과 염려를 타인 통제의 수단으로 삼으려 함

5) 강박증

Frankl은 강박신경증이 신체적 차원의 특성을 지닌 질환으로 보았다. 다시 말해, 강박증은 성격적 요인으로서 어느 정도는 유전적으로 타고난 운명적 요소를 지닌 증상이다. 그는 강박신경증이 자칫 그 과정에서 점점 심해지는 경우에 조현병으로 진행될 가능성이 있으며, 만일 단계적으로 진행되는 경우에는 우울증이 내재되어 있을 가능성에 대해 주장하였다.

대부분 강박증 내담자들은 의심적 사고로 인해 명료함의 느낌에 대한 결핍을 지니고 있다. 또한 그들의 사고체계는 어떠한 행위를 하고 난 후에 대해 느끼는 만족감이 일반적인 사람들에 비해 부족하다. 따라서 이들은 명료함에 대한 느낌의 부족이나 만족감의 결여로 인해 일반적인 사람들이 무시하고 넘어가는 것조차도 쉽게 용납하기 어렵다. 이로 인해 이들은 처음부터 다시 생각하는 것을 반복적으로 되풀이하지만 100% 명확함이라는 것은 존재할 수 없으므로 강박적 행동을 되풀이하게 되는 것이다(Frankl, 2017).

또한 강박증의 특성을 지닌 내담자들은 인식적인 부분에서 명료한 느낌이 결핍된 것이 증상으로 나타남과 동시에 무언가를 결정하는 것에 있어서도 확신을 갖지 못하는 특성을 보여 준다. 따라서 일반적으로 사람들이 쉽게 일상적인 결정을 하는 것에 있어서도 강박증 내담자들은 무언가를 결정짓고 생각하는 것에 늘 과도한 의식이 작용하게 된다. 또한 인식과 결정에 있어서 자기확신이 부족하여 자기 자신에 대해 지나친 검열이 작동된다. 절대적 확신을 추구하는 이들의 성향이 강박적인 확인행동을 반복하게 만드는 동인이 되며, 삶 속에서 이것이 자신을 방해하는 요소로 작용하게 되는 것이다. 이처럼 과도한 의식은 강박증 내담자들의 사고를 경직시키며 이로 인해 어떤 행위의 시작은 있으되 실행에 방해를 받게 됨으로써 마무리를 짓는 것에 있어서 어려움을 겪게 되는 것이다(Frankl, 2002). 따라서 과도하게 의식하거나 지나치게 꼼꼼하게 실행하는 것이 강박증 내담자들의 전형적인 두 가지 특징이라 할 수 있으며 그들의 심리에는 자기확신에 대한 결핍이라는 뿌리 깊은 불신이 존재하고 있다.

강박증 내담자들은 적절함이나 유연함 등의 언어나 활동과 거리가 멀다. 그들은 완벽함을 원한다. 그러나 그들의 완전함에 대한 욕망은 이미 실현 불가능한 것이다. 따라서 그들은 자신의 불완전함을 삶의 한 부분 또는 어떤 특정 영역에서 채우고자 노력한다. 이 실현 불가능한 욕망에 대해 그들은 그나마 실현 가능한 한 부분에 집착해 완전함을 만들고자 한다(Frankl, 2017). 예를 들어, 책상을 정리하거나 손을 씻는 행위들은 자신의 완벽함의 욕구를 채우는 행위라고 할 수 있다.

그러나 실제로 강박적 현상 자체가 크게 문제가 되는 것이 아니다. 다만, 이것이 신경증으로 진행될 경우, 강박증 내담자들은 강박증이 정신질환으로 옮겨 갈까 두려워하게 되는 것이 문제가 된다. 또한 자신이나 타인을 해칠 수도 있다는 강박적 충동이 그들에게 실제로 현실화되지 않을까 염려하고 두려워하게 되는 것이 문제라 할 수 있다(Frankl, 2002). 즉, 강박적 사고가 행동으로 옮겨질지도 모른다는 상상으로 인해 자신이 정신질환자가 될 수도 있다는 뚜렷한 근거가 없는 두려움이 정신적 압박감과 공포를 주는 것이다.

따라서 의미치료는 만일 강박증 내담자에게 상담자가 강박에 대한 증상치료에만 매진하려고 할 경우, 오히려 내담자의 강박적 증상을 강화시킬 수도 있다는 사실에 유의한다. 이미 많은 강박증 치료에서 보여 준 직면과 대면의 치료방법은 오히려 강박을 강화하고 증상을 악화할 뿐이다. 강박을 극복해야 한다는 사고가 오히려 더한 강박을 만들어 내기 때문이다. 의미치료에서는 각각의 증상이나 질병 자체를 치료하는 것에 비중을 두기보다 강박증에 대한 내담자의 태도를 변화시키는 것에 초점을 맞춘다. 이러한 내담자의 태도는 전적으로 수정 가능한 것이며 내담자의 태도 자체가 아직 굳어지지 않았다면 이에 대한 태도의 전환도 가능하다(Frankl, 2017). 이를 위해 강박증도 불안신경증과 마찬가지로 증상으로부터의 거리를 유지하는 것이 무엇보다 중요하며 내담자의 긴장을 풀어 주고 내담자가 신경증에 대해 편안한 태도를 취하게 하는 것도 중요하다.

〈표 4-4〉 강박증의 특징

1. 자기확신의 결여로 의심적 사고 및 만족감 결여
2. 뿌리깊은 불신으로 완벽을 위한 반복적 행동 시도
3. 강박적 충동의 현실화에 대한 두려움과 염려가 오히려 공포를 유발함

6) 우울증

현대인에게 심리적 감기라고 여겨지는 우울증은 집단신경증 현상의 대표적 증상으로, 자살뿐 아니라 다른 증상들과 연결된다. 이러한 형태의 우울증은 죄의식이나 자존심, 정체성 문제, 성적 표현이나 공격적 관심과 깊은 연관성은 없다. 이러한 우울 증상을 보이는 내담자들은 주로 은둔자, 만성 알코올 중독자, 부랑자 혹은 다른 유사한 삶의 유형이 되어 가면서 삶의 참여로부터 멀

어져 간다(Yalom, 2007). 우울증 내담자의 슬픈 감정은 밖으로 표출되는 것이 아니라 오히려 슬퍼지는 감정을 차단함으로써 나타나는 현상인 경우도 있다. 이러한 예로서 슬픈 감정이 해소될 때까지 실컷 울 수 없거나 오히려 이러한 감정을 차단해 내면적으로 어떠한 감정도 느끼지 못하는 '멜랑꼴리아 무감각(melancholia anaesthetia)' 또는 '무위적 증후군(vegetative syndrome)'을 호소하는 사람들을 들 수 있다(Frankl, 2002). 신체적으로 이들은 생명력이 저하된 상태이며 이는 자기 자신의 결핍감정을 유발할 수 있다.

Frankl은 우울증이 심리적이고 생리적인 측면이 있지만 무엇보다 영적 단계에서 발생한다고 믿었다. 그는 우울증을 심리적 관점에서 보면 자신의 능력을 상회하는 과중한 업무에서 야기되는 부적절한 감정이라고 설명하고 있다. 결국 우울증 내담자는 초라하고 생명력 없는 자기 자신과 자신의 능력적 한계를 초과하는 업무 사이에서의 괴리감이 주는 간극을 경험함으로써 더욱 열등감을 느끼게 된다. 그러나 영적인 수준에서 우울한 사람은 타인의 요구에 의해 의무적으로 만들어지는 자기 자신과 진정으로 원하는 자기 자신 사이에서 느껴지는 긴장감을 직면하는 것이라고 여긴다. 자기 자신에 대한 가치절하는 자신뿐만 아니라 삶의 의미조차 무의미하고 무가치하게 생각하게 만든다. 우울증을 경험하는 내담자 본인이 느끼는 존재와 당위성 사이에서의 괴리감이 마치 심연으로 경험될 때 개인은 모든 존재적 가치가 침몰당하는 느낌을 경험하게 된다. 그는 마치 자기 자신의 삶까지도 절대로 감당할 수 없는 거대한 과제로 여기게 된다(Frankl, 2002). 따라서 만일 긴장감이 해소될 수 없거나 개인이 도달하지 못할 목표를 갖고 있다면 자기 삶의 가치를 상실하게 되고 결과적으로 우울증에 빠지게 된다.

이러한 경우 전통적인 심리치료는 유용하지 않다. 상담자는 무엇보다도 우울증 환자들이 자신을 신뢰하도록 만드는 것에 우선적으로 집중해야 한다. 이를 통해 그들이 자신의 가치를 제대로 보지 못하는 것으로 인하여 심리적 질환을 경험하고 있다는 사실을 받아들이도록 도와야 한다. 또한 상담자는 내담자가 자기 본연의 모습을 되찾을 수 있을 것이라는 믿음을 지니고 인내심을 가질 수 있도록 돕는 것이야말로 회복으로 가는 가장 빠른 길이자 의무임을 기억해야 한다.

〈표 4-5〉 우울증자의 특징

1. 집단신경증의 대표증상으로 자살 및 타 증상들과의 연계성
2. 감정 차단으로 무감각적 증상 호소
3. 자기존재와 자신이 의무적으로 되어야 하는 당위성 사이에서의 괴리감
4. 자기 삶의 가치상실을 내면 깊은 곳에서 느낌

2. 상담목표

실존주의적 접근의 상담에서 지향하는 일반적인 목표는 내담자가 자기존재에 대해 용기를 가질 수 있도록 동기를 부여하는 것이다. 이는 내담자가 자기존재의 본질에 대해 이해하고 현재 자기

가 경험하고 있는 불안과 갈등 및 장애의 원인이 자기상실로 말미암는다는 사실을 각성할 수 있도록 한다. 이를 통해 내담자가 '세계 내 존재'로서 많은 한계에 직면해 있을지라도 이 세상에 던져진 삶을 수동적 입장으로 살아가기보다 자기 나름의 주관을 가지고 능동적으로 선택할 수 있도록 하는 것이다(김춘경 외, 2010). 이러한 일반적인 목표를 이루기 위해 상담자는 상담 장면에서 내담자로 하여금 자신의 삶과 내면세계를 있는 그대로 자각하고 이해하도록 하며, 지금 현재의 자기 자신을 신뢰하도록 돕는 구체적인 활동을 수행한다.

의미치료 역시 인간에 대한 이해와 접근에 있어서 실존주의 철학을 근간으로 하고 있기에 일반적인 목표를 향한 지향점은 유사하다. 그러나 실존적 인간이해 가운데에서도 특별히 의미철학이 강조하고 있는 의미치료의 상담목표를 좀 더 구체적으로 정리하면 내담자의 삶 속에서 책임감 증진, 미래적 목표지향, 증상의 감소와 증상에 대한 새로운 관점, 삶에 대한 긍정적 태도로의 전환, 새로운 인생관과 가치관을 통한 주체적 삶에 대한 경험, 그리고 이러한 것을 통한 삶의 의미의 재발견으로 구체화할 수 있다.

1) 책임감 증진

의미치료의 구체적인 목표 중 하나는 내담자 자신이 삶 속에서 책임져야 하는 것이 무엇인지 분명히 깨닫도록 하는 것이다. 책임성은 인생에서 자기 자신에 대한 진실을 발견하고 선택할 수 있는 것과 관련이 되어 있다(Fabry, 1985). 정신분석의 목표가 무의식의 의식화이고, 개인심리학의 목표가 신경증 내담자로 하여금 자기 증상에 대한 책임을 지도록 한다면, 의미치료의 목표는 자신에 대한 책임감을 자각하고 수용하도록 하는 것이라 할 수 있다.

인간의 자유는 상황으로부터 초월하거나 벗어나는 자유가 아니라 자신이 처한 신체적, 심리적, 사회적 제약에 대한 스스로의 태도를 결정하는 것을 말한다. 자신의 태도를 선택한다는 것은 인간에게 선택에 대한 책임을 부여하는 것을 의미하기 때문에 인간은 자신의 신체적, 환경적 여건이 어떠하든 자신의 결정에 책임을 지게 된다. 따라서 의미치료에서는 내담자로 하여금 자기 자신의 책임성을 완전히 깨달을 수 있도록 돕는 것을 치료의 목표로 삼는다(윤순임 외, 2005). 특히 의미치료에서는 신경증의 증상을 보이는 내담자에게도 자신의 책임감을 의식하도록 격려한다. 이는 신경증을 본능적인 것에 연결시키는 정신분석과는 다르게 영(정신)적이거나 실존적인 특성으로 여기고 있기 때문이다.

인간이 책임 있는 존재라는 시각은 오직 인간을 영적 존재라고 이해하거나 실존적 관점에서 바라볼 때만이 가능한 것이다. 의미치료에서 책임성을 통한 증상의 회복은 영(정신)적 차원으로 다가설 수 있도록 돕는데, 이를 수행하는 것은 정신분석에서 언급하고 있는 무의식적 갈등이나 충동이 아닌 자기 자신이라 할 수 있다(Frankl, 2013a).

2) 미래적 목표지향

내담자에게 기대할 수 있는 미래 목표를 갖게 함으로써 내면의 힘을 강화시켜 주는 것 역시 의미치료에서 추구하는 목표이다. 인간이 어떤 악조건에서도 자기 자신을 상실하지 않고 어려움에 맞설 수 있는 힘을 주는 것은 바로 목표의식 혹은 사명의식이다. 이런 의식을 가진 사람들은 삶을 그저 운명으로 받아들이고 환경에 순응하는 용기 없는 사람들에 비해 매우 큰 역량이 있는 존재로 사회 속에서 자리매김하게 된다(Frankl, 2008). 자신의 미래에 대한 기대를 잃어버린 사람은 불운한 사람이다. 이들은 미래에 대한 믿음을 잃어버리는 것과 더불어 정신력도 상실하게 된다. 그런 사람은 자기 자신 스스로 정신적인 퇴화는 물론 육체적으로도 퇴락의 길로 빠지게 된다. 일반적으로 이런 현상은 갑작스런 위기의 상황에서 일어나며 미래에 대한 믿음의 상실은 자포자기, 즉 죽음과 밀접한 연관을 보여 준다.

나치 수용소에서 Frankl은 수용자들의 정신병리적 고통을 정신요법을 통해 치료하기 위해서 수용자가 기대할 수 있는 미래의 목표를 정해 줄 때 가능하다는 사실을 경험하였다. 미래 목표가 생길 때 수용자의 내면적 힘이 강화될 수 있었던 것이다(Frankl, 2012). 수감자들 중 몇 사람은 본능적으로 스스로 그런 목표를 찾아내기도 하였다. 인간 특성 중 하나가 바로 미래에 대한 기대가 있어야만 세상을 살아갈 수 있다는 것이다. 특히 인간이 가장 힘들고 고통스러운 환경에서 자신을 유지할 수 있는 것은 바로 미래에 대한 기대이다. 의미치료는 과거의 상처를 치유하도록 하는 정신분석이나 행동주의와 달리 미래에 근거해 삶의 의미를 부여하고 자기집중을 하려는 데 초점을 맞추고 있다(박정희, 2011; Frankl, 2008).

3) 신경증적 증상 감소

다른 심리치료적 접근처럼 내담자의 신경증적 증상을 감소시키는 것은 의미치료에 있어서도 역시 중요한 목표 중 하나이다. 그러나 의미치료에서 증상에 대해 다루는 것을 궁극적인 목표로 삼지는 않는다. 내담자가 증상으로부터 자신을 분리하도록 하는 것은 의미치료에서는 일차적 목표이다. 의미치료에서 증상을 감소시키는 것에 관심을 두는 이유는 내담자가 자신의 증상에 집착하는 한 새로운 관점에서 자기 자신을 이해하기 어렵기 때문이다. 이를 위해 의미치료는 내담자로 하여금 자신의 증상으로부터 거리를 두도록 돕는 것을 우선시한다. 내담자는 증상과의 분리를 통해 자신을 조금 더 객관적으로 바라볼 수 있게 되고 자신이 처해 있는 여러 제약들에 대항해 스스로의 태도를 결정하고 자유로운 존재임을 인식하는 데 도움을 받는다(윤순임 외, 2005). 내담자는 증상 감소의 도움을 얻은 후에 신경증이나 정신병과 같은 심리적 차원에서 일어나는 병리적 증상으로부터 자기를 초월하는 인간의 능력을 인식하고 시도할 수 있게 된다.

의미치료를 시도하고자 하는 경우, 상담자는 내담자가 심리적 혹은 정신적으로 장애를 느낄 때 일반적으로 자신의 문제와 증상에 집착하는 경향을 보이는 것을 알 수 있다. 내담자는 그 상태에서 자기 삶의 의미를 추구하려는 잘못된 노력으로 인해 신체적으로도, 또는 심리적 혹은 사회적으로도 무기력한 희생자 상태로 전락하게 되는 것이다. 따라서 무력감을 느끼는 내담자는 우선적으로 자신의 증상과 거리를 유지하도록 도움을 받을 필요가 있다. 한 예로, Frankl이 미국 여행 중 150킬로그램이 넘는 고도 비만으로 인해 무기력에 빠지고 직업도 가질 수 없고 결혼생활도 파탄된 여성과의 대화는 이를 잘 입증해 주고 있다. 그녀와의 대화에서 Frankl은 그녀가 비만이라는 고민에 집중하는 대신 비만중일지라도 그 상태에서 할 수 있는 일에 주의를 기울이도록 하였고 이를 통해 내담자는 체중감량의 효과와 함께 심리적 안정을 얻게 되었다(Fabry, 1985).

4) 긍정적 태도로의 전환

의미치료의 중요한 목표 중 하나는 내담자로 하여금 삶에 대한 그릇된 태도를 긍정적 태도로 변화하도록 돕는 것이다. 대부분의 내담자가 장애를 느끼는 것은 그들이 진실로 당면한 문제 자체가 문제이기보다는 문제를 바라보는 잘못된 태도에서 기인하고 있다. 같은 문제를 경험하더라도 그 문제에 대해 취하는 태도는 사람마다 다르게 나타난다. 어떤 경우는 문제가 발생했을 때 오히려 자신의 내적 힘을 활성화시킬 수 있는 기회를 제공받기도 한다.

그러나 문제에 대해 잘못된 태도를 갖게 되면 고통과 장애를 극복할 수 있는 내적 힘을 방해받아 문제적 상황에 대해 무력한 희생자가 되는 것이다(윤순임 외, 2005).

삶에 대한 잘못된 태도는 의미를 지향하기보다는 쾌락을 추구하는 욕구충족에만 집착함으로써 내담자 스스로 추구하고자 했던 목표를 달성하지 못하도록 한다. 결과적으로 이는 실존적 좌절을 경험하도록 만든다. 의미치료적 신념은 무엇보다도 내담자가 건강한 사람들이 취하는 태도와 같은 입장을 취할 수 있다는 사실과 치료적 과정에서 내담자가 환경이나 내적 충동에 의한 무력한 희생자가 아니라는 사실을 볼 수 있도록 도와주는 것에 지나지 않는다는 것이다(Fabry, 1985). 따라서 의미치료에서는 내담자의 잘못된 태도를 변화시켜 새로운 사고와 통찰에 이르게 함으로써 건강하고 긍정적인 태도를 가지도록 하는 목표를 두고 있다.

5) 새로운 인생관과 가치관을 통한 주체적 삶

의미치료는 존재의 의미를 상실하고 정신적으로 불편함을 느끼는 내담자에게 새로운 인생관과 가치관을 갖도록 하는 것을 목표로 하고 있다. 이는 인간 개개인의 고유한 개별성과 관련이 있는 목표이다. 인간의 삶은 각각의 상황에서 나름대로의 독자성을 갖게 되며 자신이 겪는 시련이 운명적이라고 생각한다면, 그 시련은 다른 것과 구별되는 자신만의 유일한 과제로 받아들여져야 한다. 개인 스스로가 자신의 짐을 짊어지는 방식을 결정하는 것은 자신에게만 주어진 독자적 기회이다(Frankl, 2012). 그러나 가장 중요한 것은 자신이 삶으로부터 무엇을 기대하는지가 아니라 삶이 자신에게 무엇을 기대하는지이다. 따라서 인간은 삶으로부터 질문을 받고 있는 개별적인 자신에 대해 매일 생각해야 할 필요가 있다. 또한 삶에 대한 대답은 말이나 명상이 아닌 올바른 행동과 올바른 태도에서 찾아야 한다. 인생은 궁극적으로 이런 질문들에 대한 적합한 답을 찾고, 개개인 앞에 놓여진 과제를 수행하기 위해 책임을 기꺼이 떠맡는 것을 의미한다(Frankl, 2012).

6) 삶의 의미 재발견

의미치료의 가장 기본적이며 본질적인 목표는 내담자가 삶에서 의미를 발견할 수 있도록 도와주는 것이다. 의미치료는 우선적으로는 실존적 공허 속에서 살고 있거나 누제닉 신경증에 시달리고 있는 사람들이 다시금 삶의 의미를 재발견해 자기 인생의 의미와 가치를 깨닫고 인생의 목표와 책임을 가지게 하는 것을 가장 핵심적인 목적으로 한다(김춘경 외, 2010). 이는 인간은 행복을 찾는 존재가 아니라 오히려 주어진 상황에 내재해 있는 잠재적 의미를 발견하고 실현시킴으로써 행복할 이유를 찾는 존재이기 때문이다(홍경자, 2009; Frankl, 2012). Frankl에 의하면 영(정신)적으로 어려움을 느끼는 사람들은 신체적 또는 심리적 원인에 의하지 않으면서도 신경증적 증후를 보인다. 이들은 정신적 문제나 도덕적 혹은 양심적 갈등으로 인해 괴로워하거나 불면증, 강박증 등 다른 신체적 증후를 드러내기도 한다. 의미치료에서는 이러한 현상을 병리적 징후라기보다는 내담자의 삶에서 의미가 상실되어 있는 존재적 방식에 기인하고 있는 것으로 간주한다.

의미치료에서는 인간이 자신의 삶에서 어떤 의미를 찾고자 하는 노력을 인간의 원초적 동력이라는 사실에 주목한다. 그러나 의미치료의 과정에서 삶의 의미가 그리 쉽게 발견되는 것 또한 아니라는 것을 분명하게 언급하고 있다. 의미를 찾는 과정은 인내를 요구하며 의미를 찾기 위해 끊임없이 추구하는 과정을 표현하는 것이 보다 적절할 수 있다. 의미는 단번에 찾아지거나 통째로 찾아지는 것 또한 아니다. 혼돈과 불확실성 속에서 끊임없이 자신의 삶의 의미를 자각하며 의지를 가지고 이를 시도하는 것을 통해 의미를 향한 걸음을 내디딜 뿐인 것이다(Fabry, 2013).

결론적으로 의미치료는 삶의 의미를 찾기 위한 독특한 치료기법으로서 의미를 찾고자 하는 인간의 욕구를 다루고 있으며, 더 나아가 내담자 각자에게 잠재되어 있는 의미의 전체적인 스펙트럼을 내담자 스스로 인식할 수 있도록 시야를 넓히고 확장시켜 주는 것을 목표로 하고 있다. 이를 위해 의미치료 상담자는 내담자의 내면에 잠재되어 있는 의미를 찾을 수 있도록 내담자의 의지를 일깨워야 한다. 이러한 상담의 개입과정에서 필요한 것은 내담자에게 긴장이 없는 상태가 아니라 적절한 긴장감을 촉진시킴으로써 내담자의 의지를 일깨우기에 충분히 가치 있는 미래 목표를 설정하는 것이며 태도 변화를 위해 도전하는 것이다. 따라서 의미치료는 내담자가 자신의 자유의지에 의해 선택된 목표를 향해 노력하고 투쟁하도록 촉진시킴으로써 내담자의 내면에 있는 정신적 역동성을 활성화시키는 데 있다.

〈표 4-6〉 상담목표

1. 내담자 자신이 삶 속에서 책임져야 하는 것이 무엇인지 분명히 깨닫도록 하기
2. 내담자가 기대할 수 있는 미래 목표를 갖게 함으로써 내면의 힘을 강화시켜 주기
3. 내담자의 신경증적 증상을 분리시키거나 새로운 관점으로 바라보기
4. 삶에 대한 그릇된 태도를 긍정적 태도로 전환하기
5. 삶에서의 새로운 인생관과 가치관을 갖고 주체적인 고유한 삶을 살아가기
6. 실존적 공허로부터 벗어나서 삶에서 의미를 재발견하기

3. 상담자의 역할

의미치료 상담자는 무엇보다 전 과정에 걸쳐 내담자가 자기 스스로의 실존에 집중하도록 하며 삶의 동기를 점검하고 새롭게 유발할 수 있도록 돕는 역할을 한다. 이러한 과정에서 상담자는 내담자가 자신의 삶에 있어서 의미를 발견해 가도록 동반자의 역할을 하는 것이다. 일반적으로 실존주의 상담에서는 내담자가 가진 세계관이나 가치구조를 바탕으로 내담자가 지닌 삶의 의미와 목표들을 점검한다. 이와 함께 상담자는 내담자의 삶이 이루어지는 현장 속에서 자유와 책임에 대해 인식할 수 있도록 도와주고자 한다. 기본적으로 실존주의 상담 접근은 내담자가 본인 스스로 자기

의 사고패턴과 행위에 대해 책임을 지도록 하는 과정이다. 이는 상담자가 내담자로 하여금 더 이상 운명에 대해 수동적인 태도나 굴욕적인 태도를 보이지 않도록 도와주는 데 있다(홍경자, 2009). 실존주의 상담의 한 형태로서 의미치료를 수행하는 상담자의 역할을 정리해 보면 다음과 같다.

첫째, 의미치료 역시 실존적 접근의 한 형태로서 상담자는 무엇보다도 내담자가 자신의 삶에 대한 책임을 자각하게 하거나 혹은 수용할 수 있도록 하며, 이를 위해 선택의 자유를 갖도록 한다. 이러한 과정에서 상담자는 내담자가 자신의 삶에 대한 책임감을 경험할 수 있도록 도와주는 역할을 하는 데 주력한다. 이러한 과정에서 상담자는 내담자에게 삶이나 관계에서 책임소재가 누구에게 있는지를 해석해 주거나 내담자가 의미를 선택하기 위한 결정을 하는 데 영향을 끼치지 않도록 의식적으로 주의해야 한다(윤순임 외, 2005; Frankl, 1967).

많은 현대인이 현재를 살아가면서 자신의 삶에 대한 목표나 방향성을 결정함에 있어서 자신의 소신 있는 생각이나 판단보다는 그 임무를 부과한 조직이나 타인의 관점과 생각에 따라 해석하고 따라가려는 경향이 있다. 따라서 의미치료 상담자는 내담자가 자신의 선택에 대한 자유, 삶에 대한 책임 자각 및 수용을 할 수 있도록 돕는 역할을 한다. 앞에서 언급한 바와 같이 이러한 상담의 과정에서 상담자가 의식적으로나 이면적으로 내담자를 강요해 무엇인가를 선택하는 데 영향을 끼치지 않도록 조심해야 한다. 의미치료에서 책임감은 인간이 가지고 있는 본질이라 할 수 있다. 따라서 의미치료 상담자는 내담자 자신이 책임을 져야 하는 것이 무엇인지를 깨닫게 돕는 노력을 해야 한다. 그리고 모든 책임에 대한 판단 역시 전적으로 내담자가 수행할 수 있도록 맡겨야 한다. 내담자는 자신의 삶에 대한 목표나 방향을 사회에 대한 책임에서 찾을지, 아니면 자기 양심에 대한 책임에 맡길지를 스스로 판단해야 한다.

둘째, 의미치료 상담자의 역할은 내담자가 자신의 삶에 대한 시야를 개방할 수 있도록 도와주는 것이다. 의미치료는 교훈적 교육이나 가치관에 대한 논리적인 설교도 아니며 철학적인 추론을 통한 토론도 아니다. 의미치료 상담자가 해야 하는 작업은 교훈이나 교육, 혹은 설득이나 분석이 아니라 내담자의 시야를 넓히고 확장하는 일이다. 그렇게 함으로써 내담자의 삶 속에 잠재되어 있는 의미의 전체적 스펙트럼을 스스로 인식하고 볼 수 있도록 도와주어야 한다(박정희, 2011).

의미치료에서 상담자의 역할을 비유적으로 설명하면 세상의 사물과 현상을 그려 내는 화가보다는 내담자가 세상을 있는 그대로 볼 수 있도록 도와주는 안과 의사의 역할에 훨씬 가깝다. 화가는 자신이 판단하고 보는 세상을 전하려 하지만, 안과 의사는 사람이 세상을 있는 그대로 볼 수 있게 해 주려는 목적을 갖고 있기 때문이다. 즉, 의미치료 상담자는 내담자의 시야를 넓혀 주어 전체적 관점에서 삶의 가치와 의미를 인식할 수 있게 도와주는 것이라 할 수 있다(윤순임 외, 2005). 인간의 진정한 삶의 의미는 무엇보다 있는 그대로의 현재 삶의 상황에서 찾아야 한다. 내담자는 이러한 삶의 현실에 직면하고 개방된 안목을 통해 스스로 추구하고자 하는 삶의 의미와 가치에 대한 발견을 시도하는 것이다.

셋째, 의미치료 상담자는 내담자와 실존적 만남을 이루는 역할을 한다. 의미치료에서 자유, 선택, 책임성 그리고 자기초월은 격려되어야 하고, 비인간적이거나 조작적이고 환원적인 방법은 배제되어야 한다(윤순임 외, 2005; Fabry, 1985). 그러므로 상담 초기 상담자는 내담자와 신뢰할 수 있는 인간적 만남이 이루어질 수 있도록 노력해야 한다. 의미치료에서 중요한 것은 어떠한 기법이나 방법이 아닌 상담자와 내담자 간의 진정한 만남으로, 있는 그대로의 위치에서 실존적 만남이 이루어져야 하는 것이다(윤순임 외, 2005). 상담의 현장에서 상담자와 내담자의 실존적 만남은 그 자체가 치료적 경험이라 할 수 있다. 내담자는 상담자와의 관계적 경험을 통해 자신의 삶에 대한 주체성을 회복해 나가는 경험을 하게 되는 것이다. 실존적 만남은 단순히 친밀한 것을 의미하는 것이 아닌 상호주관성을 바탕으로 상담자와 내담자 간에 역할과 기능적인 관계가 아닌 진솔하고도 진정성 있는 만남을 뜻하는 것이다(한재희, 2019b).

의미치료에서 상담자와 내담자의 관계는 너무 친밀하지도 그렇다고 너무 떨어져 있지도 않은 간격 사이에서 균형을 이루어야 한다. 이것은 상담자가 내담자를 단순하게 동정하거나 지나치게 내담자의 증상적 문제에 몰입하여 다루려고 하는 마음이 되지 않도록 조심해야 함을 뜻한다. 또한 상담자가 내담자의 문제에만 집중하여 기법으로 내담자를 다루지 않도록 주의해야 할 뿐만 아니라,

더군다나 내담자의 문제적 상황이 기법에 적합하지 않음에도 불구하고 기법을 활용하여 내담자를 억압하는 것을 매우 조심해야 한다. 내담자와의 관계에서 신뢰가 형성된 이후에 상담목표에 따라 적절한 기법을 활용해 내담자의 각성을 촉진하도록 해야 한다.

넷째, 의미치료 상담자는 내담자의 삶에 있어서 한계적 삶에 대해 직면하고 수용할 수 있도록 도와주는 역할을 한다. 내담자가 자신을 수용한다는 것은 자신의 한계상황에 직면하는 것을 의미하며, 더 나아가 내담자가 자유의지를 가진 선택자로서 자신의 삶에 대한 개인적인 책임성을 의미하는 것이라 할 수 있다. 모든 인간은 죽음, 무의미, 소외, 고통 등 한계상황에 직면할 수밖에 없다. 내담자가 인간이 지닌 피할 수 없는 보편적 한계에 직면할 수 있도록 돕기 위해서 상담자는 내담자의 삶에 대해 주의 깊은 관심과 경청이 필요하다. 또한 상담자는 인간의 영적 혹은 정신적 능력, 자기 운명을 결정하는 자유, 자신의 삶에 책임지는 행동 등에 초점을 맞추어 내담자가 느끼는 인간의 무의미성, 운명을 거스르는 잘못된 태도 등을 자각하고 수용할 수 있도록 이끌어 간다. 이를 위해 더욱 중요한 상담자의 과업은 내담자로 하여금 의미를 발견하고 내담자가 스스로 의미를 찾도록 자기와의 직면을 가능하게 하는 것이다(윤순임 외, 2005; Frankl, 1967).

다섯째, 의미치료 상담자의 핵심적 역할은 내담자로 하여금 현재 자신의 모습을 초월해 더 깊은 의미추구를 할 수 있는 방향으로 나아가도록 돕는 것이다(윤순임 외, 2005). 이를 위해 우선적으로 상담자는 내담자가 자신의 숙명으로 받아들이고 있는 심리신체적 사실성에 도전하도록 이끌어야 한다. 그리고 내담자가 자유와 책임감을 지닌 안목으로 영적 실존에 끊임없이 관심을 갖도록 하며 자신의 운명으로 받아들이려는 태도에 직면하도록 해야 한다. 의미치료 상담자는 내담자가 신경증에 기인한 운명론적 가치관과 맞서기 위해서 무엇보다도 인간성의 진정한 요소인 내담자 자신의 자유와 책임성을 자각해야 한다는 사실을 잘 알고 있어야 한다(Frankl, 2013).

여섯째, 의미치료를 수행함에 있어서 상담자는 무엇보다도 도덕적, 윤리적, 그리고 영적 관점을 통해 내담자를 이해해야 한다. 상담자는 신체적 또는 심리적 이론만으로 내담자를 판단하거나 이해하지 않도록 조심해야 한다. 상담자는 내담자로 하여금 자신들의 교육과 환경 또는 내적 충동에 의한 무력한 희생자가 아니라는 것을 볼 수 있도록 도와주어야 한다(Fabry, 1985). 결국 의미치료에서는 신체적, 심리적 고민에 대해 본능보다는 정신적, 영적 세계에 대한 안목을 통해 삶의 목표와 과제에 대해 인식할 수 있도록 한다. 이를 통해 상담자는 내담자가 자신의 과제를 충분히 의식하고 자각하게 하며, 삶의 의미를 고찰하도록 함으로써 삶의 의미와 책임을 일깨워 주고자 한다(윤순임 외, 2005).

마지막으로, 의미치료 상담자의 역할은 내담자가 자신의 경험으로부터 스스로 의미와 가치를 발견하고 인간 실존에 따라 자신의 태도 및 선택에 눈을 뜨게 할 수 있도록 도움을 주는 격려자가 되는 것이다. 의미치료에서 상담자는 내담자의 삶의 의미가 무엇인지를 명확하게 해 주거나 보여 주기는 어려울 뿐만 아니라 그렇게 해서도 안 된다. 내담자는 의미를 성찰하고 발견해 나가는 과정을 통해 스스로가 자신의 삶에서 주체성을 갖게 되며 개별적 인간으로 세워져 가게 된다(손영삼, 2010). 이를 위해 상담자는 내담자의 한계적 상황과 죽음, 무의미 등 궁극적 관심들이 포함된 갈등에 접근할 때 가장 먼저 스스로의 마음을 점검하는 자세가 필요하다. 상담자는 우선 자기 자신의 실존적 상황과 문제를 민감하게 받아들이고, 자신의 삶 속에서 지니고 있는 의미가 무엇인지, 그리고 그 의미가 갖는 중요성은 어느 정도인지 인식할 필요가 있다. 상담자가 삶에서 의미의 중요성에 매우 민감하게 반응하면, 내담자는 상담자로부터 미세한 단서를 잡아 그 문제에 비슷하게 민감해진다. 상담자가 내담자를 돌보려면 내담자를 가능한 깊게 알아야 하며 의미추구와 의미제공 활동들에 대해 세심하게 인식할 수 있어야 한다(Yalom, 2007).

〈표 4-7〉 상담자 역할

1. 내담자가 자신의 삶에 대한 책임감을 경험하고, 선택의 자유를 갖도록 도와줌
2. 내담자가 자신의 삶에 대한 시야를 개방할 수 있도록 조력함
3. 내담자가 실존적 만남에 대한 경험을 할 수 있도록 역할을 함
4. 내담자의 삶에 있어 한계적 삶에 대해 직면하고 수용할 수 있도록 도와줌
5. 내담자가 현재 자신의 모습을 초월해 더 깊은 의미추구를 할 수 있도록 도와줌
6. 정신적, 영적 세계에 대한 안목을 통해 삶의 목표와 과제에 대해 인식할 수 있도록 도와줌
7. 내담자가 자신의 삶에서 의미와 가치를 발견하고 주체성을 갖도록 격려함

5장
의미치료의 상담실제: 과정과 기법

1. 상담과정

의미치료에서 전반적인 상담의 과정은 내담자로 하여금 자신의 삶과 세상을 있는 그대로 직시하면서 의미경험을 새롭게 인식할 수 있도록 돕는 과정이라 할 수 있다. 그러기 위해서 상담자는 내담자가 있는 그대로의 세상을 보도록 안목을 열어 주는 전문적 관점이 필요하다. 무엇보다도 내담자는 자기 자신이 어떠한 사람인지를 이해해야 하며 자신의 잠재력을 새롭게 인식할 수 있어야 한다. 따라서 상담의 과정을 통해 상담자는 내담자의 방어기제에 대한 인식과 분석에 집중하기보다는 내담자가 자신의 양심이나 사랑, 그리고 삶의 가치에 대한 갈망과 의미에 대해 초점을 맞추도록 도움을 주어야 한다. 이를 위해 상담자는 내담자가 진정성을 갖고 자신을 바라보며 삶의 현상을 마주하도록 용기를 주며 격려해야 한다. 진정성은 삶의 고통을 마주하는 가운데 자기 자신이 되어 가는 것이라는 Jaspers의 설명처럼 상담을 통해 내담자가 삶의 현실을 직시하면서 삶의 의미와 목적을 점검하고 새롭게 발견할 수 있도록 하는 것이다. 이러한 의미치료는 대략적으로 5단계의 과정을 거치며 진행된다(김춘경 외, 2010; 윤순임 외, 2005; Fabry, 1985; Lukas, 1984). 물론 이러한 과정은 항상 정해진 틀로 진행되는 것은 아니며 내담자의 상황과 상담관계적 특성에 따라 다르게 진행될 수 있다. 의미치료는 일반적으로 다음과 같은 상담과정으로 이루어진다([그림 5-1] 참조).

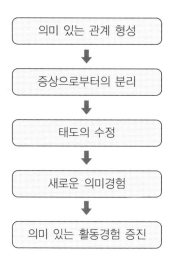

[그림 5-1] 의미치료의 상담과정

■ 1단계: 상담관계 형성

일반적으로 내담자는 자신의 증상으로 인해 고통이나 다른 사람에 의해 의뢰되어 상담실에 오게 된다. 의미치료의 과정에서 초기에 상담자가 가장 먼저 해야 할 일은 상담관계를 형성하는 것이다. 내담자는 초기면접에서 자신의 욕구, 목적, 희망과 같은 새로운 태도를 곧바로 나타내지 않는다. 또한 많은 내담자가 자신의 마음 깊은 곳에 있는 고통을 곧바로 드러내지 않는 경향도 있다. 무엇보다 치료 초기에는 기본적인 신뢰관계의 형성을 통해 내담자가 자신의 생각과 내면적 어려움, 그리고 자신의 삶에 대한 태도를 바라보고 이를 표현하도록 돕는 것이 중요하다.

내담자가 상담실에서 상담자를 처음 만날 때 내담자의 의식적 수준에서는 문제해결에 대한 생각으로 가득 차 있을지라도 그 내면 깊이에서는 상담자와의 새로운 만남에 대한 복잡한 심정이 얽혀 있다. 상담자가 현재 상담실에 있는 내담자의 복잡한 마음을 간과하고 상담자로서의 기능과 역할에만 급하게 초점을 두는 것은 둘 사이의 실존적 만남을 결여시킨다(한재희, 2019b). 상담실에서의 신뢰관계는 상담자의 단순한 친절함이나 편안한 관계를 뛰어넘어 내담자가 상담실에 오면서 겪을 수 있는 예기불안과 불편함을 있는 그대로 표현할 수 있는 안정적인 관계 형성에서 온다.

또한 의미치료에서 상담자는 내담자가 병리적 특성을 보이고 있다 할지라도 결코 인간으로서의 존엄성이 상실된 것으로 여기지 않는다. 의미치료에서 상담자는 신뢰할 수 있는 분위기와 상담관계 형성을 무엇보다 중요시하며, 상담목표 달성을 위해 여러 학파의 상담기법에 대해서 개방적인 입장을 보이고 있다(윤순임 외, 2005; Fabry, 1985). Frankl은 인간을 기계적 등식(mechanism)

으로 취급하는 것을 가장 경계하고 있으며 심리치료 과정에서 인격적인 접근을 강조하고 개입기술에 대한 지나친 의존을 피한다. 그는 상담 및 심리치료법의 선택을 하나의 대수적인 등식, 즉 'Z=X+Y'에 비유하고 있는데 여기서 Z는 심리치료법이고 X는 내담자의 개성, Y는 상담자의 성격을 가리킨다(Frankl, 1969). 이 등식이 뜻하는 바는 심리치료에 있어서 보다 중요한 요인은 개입방법이 아니라 내담자와 상담자 사이의 관계라는 것이다. 즉, 현대에서 흔히 사용되는 표현을 빌리자면 상담자와 내담자 사이의 만남(encounter)이라는 사실을 강조하고 있다(한재희, 2012). 따라서 상담의 초기에 내담자에 대해 단순히 병리적 접근이나 문제에 대한 기계적 해석보다도 내담자에 대한 인격적 존중과 상담에서의 협력적 관계에 더욱 관심을 기울여야 한다.

■ 2단계 증상으로부터의 분리

두 번째 단계에서 상담자는 내담자가 자신의 증상으로부터 분리되도록 돕는다. 의미치료는 내담자의 삶의 의미와 목적에 초점을 갖지만 결코 증상으로 인한 심리적 고통을 간과하지는 않는다. 상담 초기에 상담자는 내담자와의 신뢰관계를 형성하는 동시에 내담자가 자신의 증상과 동일시되도록 만든 잘못된 가설을 믿지 않도록 도와야 한다. 일반적으로 내담자는 스스로 삶 자체를 고통이라고 여기게 만드는 두려움, 강박증, 열등감 그리고 우울 등의 증상에서 결코 벗어날 수 없다는 생각을 가지고 있다. 이는 내담자가 자신의 증상을 병으로 간주하고 이를 수용하게 되면 자신과 자신의 증상이 서로 깊은 관련을 맺게 되고 결국 증상 자체가 내담자로 하여금 새로운 자기이해를 어렵게 만들기 때문이다(윤순임 외, 2005). 따라서 상담자는 초기에 내담자로부터 증상을 분리하여 증상과 거리를 유지하게 하는 것이 매우 중요하다.

내담자가 증상과 문제에 초점을 두고 있을 때, 내담자는 스스로 자기 자신을 생물학적, 심리학적, 사회적 운명의 무력한 희생자로 느끼게 된다. 결국 내담자를 증상으로부터 분리시키는 것은 자신의 삶이 무력한 희생자가 아니며 이러한 증상에서 벗어날 수 있다는 사실을 인식하게 만드는 것이다. 이러한 증상으로부터의 분리 과정을 통해 상담자는 내담자로 하여금 현재의 상황이 지속되지 않을 것이며, 어떤 상황에서든지 저항할 수 있다는 것을 자기 스스로 믿을 수 있도록 도와야 한다.

의미치료의 가장 일반적인 목표는 인간의 전체성에 대한 이해를 기본전제로 하여 내담자가 자신의 삶에 대해 갖는 의미와 가치를 중요시하고 자신의 삶에 책임감을 느끼도록 하는 것이다. 이러한 일반적인 목표를 내담자와의 상담에서 달성하기 위해서 상담자는 내담자가 불편하게 여기는 장애나 증상이 무엇인지를 탐색하고 파악하며 평가하는 것에만 초점을 맞추는 것이 아니다. 상담자는 우선적으로 증상이나 장애에 대한 이해와 더불어 내담자의 그릇된 태도를 자각하게 함으로써 삶에 대한 자신의 책임을 수용하고 잠재적 가능성을 발견하도록 하는 것을 우선시해야 한다.

많은 내담자는 자신의 증상이 누군가로 인해 혹은 상황으로 인해 생긴 것이라 생각한다. 그러나 이러한 증상을 일으키고 있는 가설은 이미 내담자 자신의 무의식을 통해 자신이 만들어 냈거나 혹은 존재하지 않았다는 사실을 가정한다(Fabry, 1985). 상담자가 내담자로 하여금 자신의 증상과 거리를 두도록 하는 방법은 사례에 따라 다르지만, 의미치료에서 주장하는 치료기법을 사용하거나 의미치료의 일반원리에 맞는 새로운 방법을 개발하여 사용할 수 있다(윤순임 외, 2005). 무엇보다도 상담자는 우선적으로 내담자들이 자신의 삶의 의미가 무엇인지를 발견할 수 있도록 돕고 내담자들이 이미 그러한 능력을 가지고 있음을 인식시켜야 한다. 그리고 무엇보다 그들이 극복할 수 있는 이러한 여러 증상들은 본래 내담자 자신이 원했던 삶의 가설로 인한 것이 아님을 스스로 깨우칠 수 있도록 인도해야 한다.

■ 3단계: 태도의 수정

내담자가 자신의 증상으로부터 거리를 유지하면 자신의 삶에 대해 새롭게 조망할 수 있는 눈이 생긴다. 삶에 대한 새로운 시각은 삶에 대한 그릇된 태도를 긍정적 태도로 변화시키는 것이다. 일단 신뢰관계가 형성되면 내담자는 자신의 삶의 태도를 표현하게 되며, 이때 상담자는 객관적이고 무비판적으로 내담자의 표현을 수용하는 동시에 내담자의 태도에 대한 원인과 영향을 이해하여야 한다. 내담자가 부정적이거나 왜곡된 삶의 태도로 인하여 심리적인 어려움을 느끼고 있다면, 이러한 태도가 내담자의 삶이나 생존에 어떤 영향을 주는지를 직면하도록 해야 한다. 물론 그러한 태도가 옳고 좋은 것인지 그릇되고 나쁜 것인지에 대한 인식과 판단은 상담자의 몫이 아니라 내담자의 것이라 할 수 있다(윤순임 외, 2005).

　대부분의 내담자들은 자신의 삶의 문제를 직면하기보다는 회피하고 합리화하려 한다. 그러나 의미치료에서 내담자가 자신의 문제를 대면하고 인식하는 순간, 다른 어떤 요인보다도 자신의 태도가 바뀌는 경험을 하게 된다. 상담자는 이에 대해 격려를 하고 내담자가 새로운 출발을 하도록 도울 뿐이다. 이러한 과정은 상담자의 강요나 설득에 의한 것이 아닌, 내담자 자신의 자기대면과 성찰, 그리고 선택에 의해 이루어져야 한다.

　의미치료에서는 무엇보다도 상담자와 내담자의 실존적 만남으로 인한 독창성과 즉시성을 매우 중요시한다. 예컨대, 선택의 목록을 기록하게 하면 내담자의 선택을 위한 인식에 도움이 되고, 그림이나 공상은 내담자가 억압하고 있는 의미 또는 무시하고 있는 목표, 그리고 가치의 무의식적인 선호 등을 밝히는 데 도움이 된다. 심리극은 내담자가 되고 싶어 하는 자아를 스스로 연출할 기회를 제공함으로써 의미극(logo-drama)이 된다(윤순임 외, 2005). 많은 내담자들이 자신의 증상이나 문제에서 벗어날 수 없을 것이고 다른 대안이 없다고 생각하지만 최소한 다른 선택의 가능성이 있음을 알게 된다면 그 방향을 시도해 볼 수 있게 된다. 특히 자살이나 우울증 등의 위기에 직면한 내담자들일수록 새로운 태도에 대한 안목이 열려야 하며 무엇보다 우선시되어야 하는데, 이는 내담자의 가치체계와 의미체계가 상담과정에서 다루어져야 하는 중심적인 요소가 되어야 하기 때문이다(Fabry, 1985).

■ 4단계: 내담자의 새로운 의미경험

의미치료의 4단계는 다른 어느 단계보다도 주의를 요하는 단계
라 할 수 있다. 우선, 자신의 태도 수정을 통해 새로운 태도를 취
하기로 결정한 내담자는 증상이 사라지거나 최소한 증상에 대한
통제가 가능해진다. 내담자가 보이는 증상을 약화시키거나 증상
자체를 어느 정도 통제할 수 있는 경험은 내담자로 하여금 자신의
운명을 직시하여 수용하거나 견딜 수 있도록 도와준다. 내담자의
증상이 감소하거나 사라지면, 통제할 수 없는 상황에 대해 더욱
적극적으로 새로운 태도를 형성할 뿐만 아니라 삶의 의미에 대한
새로운 시각을 갖게 된다. 또한 증상의 제거가 성공적으로 진행되
었을 경우, 내담자는 상담자 혹은 주변의 다른 사람들을 통해 의
미를 향한 인생의 새로운 가치를 직면할 수 있게 만드는 적극적인
피드백을 경험하게 된다(Fabry, 1985). 예를 들어, 망막손상의 유
전적 병으로 인해 서서히 시력을 상실해 갈 수밖에 없는 내담자가
있다면, 상담자는 내담자의 시력을 회생시킬 수는 없지만 그가 좌
절에 굴하지 않고 살아갈 수 있는 용기와 마음가짐을 가질 수 있
도록 도와주는 적극적인 상호작용과 피드백을 주어야 할 것이다.

내담자가 태도의 수정과 새로운 의미를 탐색하고 경험하게 되
면 스스로 증상을 약화시키거나 증상 자체를 통제할 수 있다는 사
실을 받아들일 수 있다. 이러한 삶에 대한 새로운 경험과 자신이
발견한 삶의 의미는 내담자가 스스로 자신의 삶에 대한 책임 있는
주체성을 형성하고자 노력하게 되며 삶에 있어서 자신의 진정한
가치를 향해 나아갈 수 있도록 만든다.

■ 5단계: 의미 있는 활동경험 증진

5단계에서 내담자는 자신의 삶에 대한 의미를 향해 나아가게 되고, 자신의 삶과 잠재된 모든 의미를 피하지 않고 직면하고 표출하면서 삶의 영역이 더욱 풍부해지고 확장된다. 이러한 과정에서 내담자의 가치위계는 더욱 명료하게 되어 미래의 실존적 좌절로부터 보호받을 수 있도록 강화된다. 결과적으로 내담자는 삶에 있어서 진정한 책임이 스스로에게 있다는 사실을 받아들인다(Fabry, 1985). 이 단계에서 상담자는 미래를 향한 정신건강의 예방적 차원에서 내담자로 하여금 의미 있는 활동과 경험을 실행할 수 있도록 도와준다. 상담자는 내담자가 현재 생활에 대한 새롭고 긍정적인 요인을 찾아내도록 하고, 미래에도 건강한 삶과 정신을 유지할 수 있는 긍정적 태도를 갖도록 한다. 결국 내담자는 자신의 삶 속에 잠재된 모든 의미를 발견할 수 있는 가능성을 탐색하고 자신이 처한 특수한 상황에 대해 더 확장되고 풍요로운 관점을 가지게 되는 것이다(김춘경 외, 2010; 윤순임 외, 2005).

2. 상담기법

의미치료에서 상담자의 핵심적 개입기술은 내담자의 태도 변화와 의미발견에 관련된 것이라 할 수 있다. Frankl은 내담자와의 만남에서 태도 변화와 의미발견을 돕기 위해 내담자의 상황에 적합하게 창의적으로 여러 기법들을 사용할 것을 제안하였다. 그는 기술적 차원의 기법 자체보다는 기법을 활용하는 상담자의 유연성과 창의적 안목이 더 중요하다는 사실을 강조하는 것을 잊지 않았다. 의미치료에서는 내담자에 따라 상담자의 창의성을 기반으로 한 많은 기법들이 사용되고 있지만, Frankl이 제안한 역설적 의도, 반성 제거, 태도 변경, 소크라테스적 대화, 호소기법, 유머의 활용 등이 상담 중에 주로 활용되는 기법들이다.

1) 역설적 의도

역설적 의도(paradoxical intention) 기법은 의미치료의 가장 핵심적 개입기술 중 하나이다. 이는 Frankl이 1920년대에 발전시킨 기법으로서, 이후 Milton Erickson, Jay Haley, Don Jackson과 Paul Watzlawick 등 체계론적 학파가 이와 유사한 기법들을 채택하여 활용하였다(Yalom, 2007). Frankl은 말더듬 증상을 보이는 내담자를 치료하는 가운데 처음 역설적 의도 기법에 대한 힌트를 얻게 되었다. Frankl이 내담자에게 말을 더듬지 않았던 때를 기억해 보라고 하자 그 내담자는 소년 시절에 기차표를 구입하지 않고 기차에 무임승차했다가 승무원에게 들켜서 붙잡혔던 때를 기억해 냈다. 평소에 지속적으로 말을 더듬던 소년이 그 당시 승무원에게 불쌍하게 보이기 위해 말을 일부러 더듬으려 하자 오히려 말을 더듬지 않았던 사건을 말해 주었다. Frankl은 이 내담자의 경험을 통해 원인론적으로 접근하는 것이 아닌 다른 방법, 즉 역설적 의도를 활용함으로써 증상을 소멸시키는 기법을 창안하였다.

의미치료에서 역설적 의도기법은 실존적 불안과 신경증뿐만 아니라 광범위한 심리적 문제를 다룰 수 있도록 돕는 기법으로서 역설지향으로 번역되기도 한다. 이 기법은 인간은 누구나 자신의 심리적 문제를 대하는 입장을 선택할 수 있다는 가설을 기반으로 하고 있다. 역설적 의도는 특히 강박관념과 공포증 환자의 단기치료에 적합한 치료법으로 환자가 두려워하는 바로 그 일을 하도록 하거나 혹은 그런 일이 일어나기를 바라도록 북돋아 줌으로써 치료하는 방법이라 할 수 있다(Frankl, 2005a). 일반적으로 내담자들은 어떤 증상이 반드시 자신에게 일어날 것 같은 공포상황을 미리 예견함으로써 더욱 힘들어한다. 이러한 것을 예기불안이라 하며 이는 염려했던 일이 정말로 일어날 것이라는 가상적 믿음에 기반한다. 내담자는 자신의 심리적 증상에 대한 예기불안이 클수록 심리적 증상이 더 악화된다. 예를 들어, 불면을 경험했던 내담자는 오늘 밤에도 잠을 자기가 어려울 수 있다는 예기불안이 크면 클수록 다음 날도 실제로 불면증이 현실화된다.

대부분의 공포는 자신이 두려워했던 그 대상으로 인해 야기되는 경향이 있고, 내담자가 자신에게 일어날 것이라고 과도하게 두려워했던 일들은 실제로 현실화되기 쉽다. 이것이 바로 완결구조를 가진 악순환이 성립되는 순간인 것이다. 어떤 증상이 공포증을 유발하고, 그 공포증은 그 증상을 일으키며, 그런 증상의 재발은 공포증을 더욱 심화시킨다는 것이 Frankl의 주장이다(Frankl, 2005b). 공포의 대상은 공포 그 자체이며, 내담자들은 자주 불안할 것에 대한 불안을 언급한다. 공포에 대한 공포를 자세히 조사해 보면, 공포를 일으키는 대상 자체보다 내담자가 아직 발생하지 않은 예기불안이 몰고 올 잠재적인 영향에 대해 갖는 공포가 직접적 원인으로 판명된다.

Frankl은 초기에 주로 말더듬, 안면홍조현상, 손다한증, 불면증, 대인불안증 등 불안이나 공포증, 또는 강박증 환자에게 역설적 의도 기법을 적용하였다. 그들은 자신의 증상으로 인해 실신이나 기절, 심장마비, 발작이 일어날까 미리 두려워하였다. 그러나 그들에게 있어 진정한 문제의 원인은 공포를 걱정하는 것으로 인해 공포감이 더욱 증가한다는 것이다(Frankl, 2005b). Frankl은 공포증 환자에게서 '공포에 대한 공포'의 현상을, 그리고 강박증 환자에게서는 '환자 자신에 대한 공포'를 발견하였다. 많은 신경증 환자들이 자신이나 타인을 해칠 수도 있다든지, 혹은 위험한 징후가 나타날지 모른다는 이상한 생각에 사로잡히는 경우에 발병한다(Frankl, 2005b). 이러한 증상들의 치료를 위해 Frankl이 의미치료 기법으로 사용한 것이 바로 역설적 의도이다. 이것은 강박적이고 억압적인 공포증에 걸린 내담자들의 단기상담과 치료에 도움이 되는 기법으로, 내담자가 두려워하는 일 자체를 하도록 하거나 일어나기를 소망하도록 촉진하는 과정이다(김춘경 외, 2010).

Frankl은 역설적 의도기법을 Freud의 병인학적 수단과는 다른 심화된 치료 수단으로서 여겼다. 이는 인간이 스스로 자기 자신과 거리를 둘 줄 아는 능력에 기반을 두고 있다. 따라서 역설적 의도 기법은 증상처방이 아닌 예기불안(anticipatory anxiety) 현상과 함께 과잉의도(hyper-intention)와 과잉반사(hyper-reflection)의 개념을 기반으로 한 치료법이라 할 수 있다. 과잉의도나 과잉반사는 지나치게 어떤 증상이나 자기 자신에게 집중하는 현상으로서 내담자로 하여금 자기가 원하는 것을 하지 못하도록 할 뿐만 아니라 오히려 증상에 따른 불안이나 공포의 자기 유지적인 악순환이 반복되도록 한다(김춘경 외, 2010). 이는 내담자에게 불안과 공포를 가중시키는 현상을 드러낸다. 예를 들어, 자동차 사고로 인해 죽음의 공포를 경험했던 사람이 자동차를 타는 상황이 될 때마다 그런 일이 다시 일어나지 않을까 하는 공포, 즉 예기불안을 겪게 된다. 자동차를 타려고 할 때마다 이러한 예기불안이 과잉반사나 과잉의도의 원인이 되고 결국 그 내담자는 자동차를 이용할 수 없게 된다. 따라서 상담자는 내담자가 자기 문제와 싸우는 대신 너무도 두렵고 곤혹스럽지만 문제를 충분히 경험할 수 있는 용기를 낼 수 있도록 돕는 것이 무엇보다 중요하다(Cooper, 2014; Frankl, 1965). 일반적으로 내담자가 보이는 예기불안에 따른 불안과 공포의 반응은 자신에게 불안 혹은 공포를 야기했던 상황으로부터 도피하는 방법이다. 그러나 의미치료에서는 예기불안에 의한 악순환이 증상을 유발하고 강화시킨다는 것을 깨달을 수 있도록 오히려 증상에 대한 직면을 시도한다([그림 5-2] 참조).

따라서 의미치료 상담자는 다한증 내담자에게 손에 땀이 많이 나도록 하고 이를 자랑하게 하거나, 불면증을 앓고 있는 내담자에게 밤에 잠을 자고자 노력하는 대신에 오히려 잠들지 못하도록 어떤 과제를 수행하게 개입한다. 이를 통해 예기불안을 차단하고 내담자는 과잉의도나 과잉반사를 하지 않게 되면서 그 증상이 오히

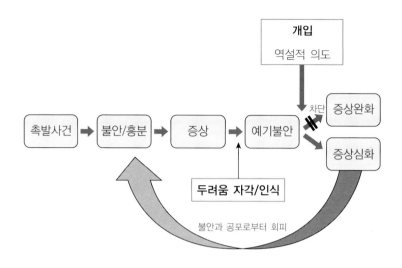

[그림 5-2] 역설적 의도 개입 과정

려 사라지게 되는 것을 경험하게 되는 것이다.

　이러한 역설적 의도기법은 기본적인 예기불안 기제들을 지닌 사례들에서 유용하게 사용되며 특히 단기치료적 접근으로 매우 유용한 기술이다. 상담자가 역설적 의도기법을 적용할 때 주로 증상 자체에 지나치게 관심을 두기보다는 오히려 신경증과 그것의 증상적인 표현들에 대한 내담자의 태도에 관심을 두게 되는 것이다(김춘경 외, 2010). 즉, 역설적 의도기법은 공포증 환자가 가장 두려워하는 것에 대한 시각을 바꾸어 줌으로써 증상이 감소하도록 하는 것이다.

　역설적 의도는 두려움이 곧 두려움을 낳는 현실을 만들며 이러한 기법을 사용함으로써 자기 자신과의 거리 두기를 시도하게 만드는 것이다(Frankl, 2002). 역설적 의도는 유머만큼이나 증상과 인간 간의 거리를 확보하도록 만든다. 그리고 역설적 의도기법이 유머와 함께 동반되었을 때 환자가 자신의 증상을 초월하게 하는 데 있어서 더욱 효과적이다. 그러나 역설적 의도기법 자체가 심리치료를 대체하는 것이 아니라 단지 보완하는 하나의 기법임을 명심해야 한다.

Frankl 이후에 Lukas(1984)는 자신의 경험을 통해 내담자에게 문제 징후가 나타나면 곧바로 역설적 의도를 실행해 봄으로써 증상이 재발하는 빈도를 줄일 수 있다는 사실을 주장하였다. 일부 상담자들은 역설적 의도기법이 설득방법의 하나에 속하는 것으로 오해하고 있지만 설득과는 본질적으로 다르다(Frankl, 1967). 역설적 의도는 내담자로 하여금 단순히 근거가 없는 것이라는 확신을 갖게 하여 두려움을 억누르도록 제안하는 것이 아니라 오히려 두려움을 과장함으로써 그것을 극복하는 방법으로서 설득과는 정반대의 것이라 할 수 있다. 다음의 사항들은 상담자가 역설적 의도기법을 좀 더 효과적으로 활용하기 위해 참고해야 할 사항들이다(윤순임 외, 2005).

- 상담자가 역설적 의도기법을 내담자에게 최초로 시도할 때 그것이 효과를 나타낼 수 있도록 잘 계획되어야 한다. 내담자는 역설적 의도기법이 시도되면서 곧바로 적용하는 방법을 습득하기 때문에 최초로 시도되는 역설적 의도기법이 성공적으로 적용되어야만 재발의 빈도가 줄어든다.
- 증상의 재발은 역설적 의도기법이 너무 늦게 적용될 때, 즉

내담자가 예기불안에 이미 사로잡혀 있을 때 가장 잘 일어난다. 공포가 그들의 마음을 사로잡고 자율신경계가 불안증상을 나타내는 순간, 내담자는 자신들이 역설적 의도를 활용하여 두려워하는 것을 일어나게 하는 의지를 가질 수 없으며, 심지어는 유머 공식을 사용하더라도 내담자의 자기분리를 성취할 수 없다.

- 신체적으로 이완이 된 후에 역설적 의도기법을 적용하면 더욱 효과적이다. 신체를 이완시키는 방법은 과도하게 활성화된 증상을 안정시켜 주기 때문에 특히 공포증이나 강박신경증의 치료에 도움이 된다. 예를 들어, 심장발작으로 고통받는 내담자의 경우, 공포에 사로잡힌다는 느낌이 들면 따뜻한 물에 몸을 담그거나 이웃 사람들에게 부탁하여 자신과 함께 있도록 도움을 청하거나 몇 분간 신체적인 이완을 하고 난 후에 역설적 의도를 적용하는 것이 좋다.

내담자: 지난주에도 광장에 나갔다가 거의 쓰러질 뻔 했어요. 숨이 가쁘고 어지럽고 죽는 줄 알았어요.

상담자: 괜찮아지려고 많이 애썼는데 여전히 안 되는군요.

내담자: 예. 어떤 사람이 넓은 장소에 오히려 자꾸 가보라고 해서 노력하는데 집을 나서는 순간부터 더 심장이 뛰고 불안해져요.

상담자: 집을 나설 때 더 긴장되고 불안이 시작되네요.

내담자: 불안한 상황에 더 노출되면 괜찮아진다길래 그렇게 해

보려 하는데 오히려 더 심해지는 것 같아요. 심장이 멎을 것 같아요.

상담자: 거리에서 심장마비 걸릴까봐 두렵지요? 아무리 노력해도 안 되고요. 그러면 어차피 밖에 나가면 몇 번을 넘어질 수 있나 보여줘 보면 어떨까요? 차라리 겁먹고 나가는 것보다 쓰러져버리지요. 어때요?

내담자: (빙그레 웃으며) 차라리 그렇게 해볼까요? 영화에서 보면 가끔은 나름 멋있게 쓰러지는 장면들이 있긴 하더라고요.

상담자: 나가기 전에 두 번만 넘어지도록 기도하고, 그래도 안전하면서도 조금은 멋있게 심장을 움켜쥐며 쓰러지는 것을 연습해 보면 어떨까요?

2) 반성제거

의미치료에서 반성제거(탈숙고, de-reflection)는 역설적 의도기법과 더불어 내담자로 하여금 예기불안의 악순환에서 벗어날 수 있도록 돕는 대표적인 기법이다. 두 기법의 차이점을 살펴보면 역설적 의도기법은 내담자의 예기불안을 없애려는 것에 초점을 맞추고 있는 반면, 반성제거는 지나친 자기관찰을 없애려는 것에 초점을 두고 있다. 내담자는 스스로 자신을 관찰하도록 강요당함으로써 예기불안을 갖게 되고, 다시 증상에 대해 과도하게 주의집중을 함으로써 신경증을 초래하게 된다. 예를 들어, 내담자가 불면

중에서 잠을 자려고 노력할 때 오히려 자신의 노력이 효과가 있는 지를 관찰하는 무리한 주의집중을 수반하게 된다.

반성제거는 인간이 가지고 있는 '자기망각'의 능력을 이용하여 내담자의 주의집중을 치료적으로 재배열하여 그 문제로부터 벗어나서 다른 긍정적인 측면으로 사고를 하도록 전환하는 것이다. 따라서 역설적 의도가 그릇된 수동성에서 올바른 수동성으로 대치시키는 것이라면, 반성제거는 그릇된 능동성에서 올바른 능동성으로 대치시키는 것이다(윤순임 외, 2005; Patterson, 1980). 이는 역설적 의도기법이 내담자로 하여금 어떤 증상으로부터 도피하기보다는 오히려 자기의 증상을 비웃도록 하는 반면에 반성제거는 내담자가 자기 자신에 대한 관심과 주의를 자신으로부터 다른 곳으로 돌림으로써 자기의 증상을 무시하는 경우가 되기 때문이다.

역설적 의도의 방법은 내담자로 하여금 자기분리의 능력을 갖게 하지만 반성제거 방법은 자기초월의 능력을 갖게 한다(윤순임 외, 2005). Frankl은 이와 같은 기법적 과정을 통해 내담자의 증상을 치료하는 효과를 입증하였다. Frankl은 우울증으로 인해 아무것도 할 수 없다고 호소하는 여학생이 그림 그리는 것을 좋아한다고 하자, 우울증은 전문가인 자신에게 맡기고 그림을 그리는 일에 열중하라고 했을 때 얼마 후에 우울증이 사라지는 효과를 거두게 되었다.

반성제거는 매우 단순한 기법이지만 인간의 자기초월 능력을 사용하여 지나친 자기관찰(self-observation)이나 과잉반사(hyper-reflection)를 약화시켜 증상으로부터 자유롭게 하는 기법이다. 내담자는 반성제거를 통해 어떠한 특성이나 대상에 대한 지나친 관심을 줄이고, 다른 대상으로 주의를 옮김으로써 증상과 멀어지게 된다. 이런 과정이 가능하려면 내담자의 과잉반사에 대한 다른 행동이 필요하다. 이러한 증상에 대한 방관적 태도의 과정 자체가 반성제거인 것이다(Frankl, 2005b). 방관적 태도는 부정적인 면과 긍정적인 면을 함께 내포하고 있는데, 내담자는 이러한 무시나 방관을 통해 자기의 관심을 다른 곳으로 변경하게 되고 이러한 과정을 통해 자신의 증상이나 문제를 극복할 수 있게 된다(김춘경 외, 2010).

반성제거의 기본적인 실례로서, 불면증 환자가 잠을 자려고 애를 쓰는 대신에 음악을 듣거나 다른 흥미 있는 일을 함으로써 잠을 자는 일에 쏟는 관심을 다른 곳으로 돌리고 집중하다 보면 오히려 쉽게 잠을 잘 수가 있다(김춘경 외, 2010). 반성제거는 본래 성기능장애 치료를 위해 고안된 기법으로서, 일반적으로 성에 대한 강박적 수행불안으로 오히려 위축감이 드는 내담자들을 위해 활용되었다. 이에 위축감 대신 파트너와 즐기는 것을 목적으로 하여 수행에 대한 불안을 줄어들게 함으로써 자기 자신에게 덜 신경 쓰게 만드는 것이다(Schulenberg, Schnetze, Winters, & Hutzell, 2010).

반성제거 기법을 사용하는 목표는 내담자로 하여금 자신에 대한 주의집중을 다른 관심사로 돌리게 함으로써 건강하지 못한 자기반성으로부터 자유롭게 하는 것이다(윤순임 외, 2005). Lukas(1984)는 대안행동에 대한 목록을 작성하게 하여 자신의 증상을 무시하게 하는 반성제거의 과정을 다음과 같은 3단계로 구분하였다.

- **1단계**: 증상과 그것에 대한 과도한 생각 간의 관계를 설명한다. 그러한 과잉반사를 제거하기 위해 상담자와 내담자가 공동으로 논의하여 계획을 수립한다.
- **2단계**: 내담자의 삶을 풍요롭게 만드는 긍정적이고 바람직하며 건강한 활동을 생각하게 하고 그러한 활동목록을 작성하게 한다. 도움이 필요하면 상담자도 목록 작성을 돕는다.
- **3단계**: 목록에 기록한 활동 중에 과잉반사가 일어날 때마다 실행할 활동을 선택한다. 이때 내담자에게 대안을 점검할 시간을 준다. 이 과정에서 증상이나 문제에 대한 관심이 다른 대안의 선택에 의해 대치된다. 그리고 최종 선택이 이루어지면, 반성제거는 일어난 셈이다.

반성제거가 다른 종류의 강화와 연계되면 더욱 효과적이 될 수 있다(윤순임 외, 2005; Lukas, 1984). 이는 증상에 대한 관심이 다른 대안적 행동에 의해 성공적으로 대치되거나 보상이 주어지면, 내담자는 과도한 자기관찰로부터 벗어날 가능성이 더욱 높아진다. 결과적으로 반성제거의 본질은 부정적인 것을 긍정적인 것으로 대치하게 되는 것이다.

내담자: 말하기 불편하지만 사실은 우리 부부문제는 저에게 있어요. 제가 발기부전이거든요. 여기 저기 병원 가서 검사도 해봤지만 아무 문제가 없다는데 시도만 하면 곧바로 실패하게 돼요.

상담자: 그 문제를 해결하기 위해 어떻게 노력하고 계신지요?

내담자: 다른 사람은 모르겠지만 저 나름대로 노력을 많이 해요. 정력제라는 것도 먹고 몸이 피곤하지 않으려고 노력도 하고 그러나 매번 아내를 실망시켜요.

상담자: 아내가 실망하는 것이 더 마음에 걸리는군요. 그래서 좀 더 잘해보려고 엄청 신경도 쓰고요.

내담자: 아내가 자기도 제대로 느끼고 싶다고 그러면서… 지난 번 부부싸움 할 땐 남자구실도 못한다고 하면서 엄청 기분 나쁘게 핀잔을 주더라고요. 저도 멋지게 아내를 만족시켜주고 싶지만 안 돼요.

상담자: 그러면 한 가지 제안을 드리고 싶군요. 아내하고도 상의를 해서 결정해야 되는 사항입니다.

내담자: 뭔데요?

상담자: 앞으로 한 달 동안은 당신과 당신의 아내가 침대에서 어떤 육체적 애정표현을 해도 괜찮아요. 그런데 어떤 경우에도 절대로 하지 말아야 될 것이 한 가지 있습니다. 절대로 성교를 하면 안 됩니다. 성교만 빼고 어떤 것을 해서도 괜찮아요.

3) 태도변경

의미치료에서는 내담자로 하여금 자신, 삶, 그리고 당면한 문제에 대한 그릇된 태도를 수정하는 것을 중요시한다(윤순임 외,

2005; Downing, 1975; Fabry, 1985; Lukas, 1984; Patterson, 1980). 증상을 가진 많은 내담자들은 대부분 자신의 불가역적인 상태를 그대로 받아들이는 경향이 있다. 그러나 상담현장에서 상담자는 내담자가 그러한 상태에 머물러 있으면서 고통을 당하기보다는 상황 속에서 할 수 있는 일에 주의를 기울일 수 있도록 도움을 주어야만 한다. 자신의 증상에 갇혀 아무것도 할 수 없다고 믿는 사람에게 육체적 또는 상황적 장애를 넘어서서 유익한 삶을 살 수 있다는 것을 깨닫게 하는 것은 매우 중요하다. 때로는 많은 내담자에게 이러한 사고의 전환을 하게 하는 것만으로도 오랜 시간을 투자하는 치료방법보다 더 효과적일 수 있다(Fabry, 1985). 의미치료에서는 각각의 증상이나 질병 자체를 치료하는 것에 비중을 두기보다 내담자의 자아상태와 태도를 변화시키고자 한다. 어떤 상황이나 요인 자체보다 그것에 대한 내담자의 태도가 불가피하게 존재하는 장애요인을 임상적 질병의 증상으로 만든 것이기 때문에 내담자의 태도는 전적으로 수정 가능한 것이 되어야 한다. 결국 태도 자체가 아직 굳어지지 않았다면 이에 대한 태도의 전환도 가능함을 알아야 한다(Frankl, 2017). 이러한 태도변경은 우울증이나 강박증, 불안 및 공포증 등에 다양하게 활용될 수 있다.

예를 들어, 강박증으로 어려움을 겪고 있는 내담자들은 대부분 강박적 사고로 힘들어한다. 이때 내담자가 강박적 사고에 대항해 싸우지 않도록 하는 것이 무엇보다도 우선시되어야 한다. 많은 경우 내담자는 이러한 강박적 사고가 자신의 정신병적 증상으로 연결되거나 전조증상이라고 여기기 때문에 두려움을 동반한다. 이러한 두려움으로 인해 증상을 과대평가하는 악순환이 발생한다. 따라서 이러한 강박적 증상을 보이는 내담자들에게 정신질환에 대한 자신의 두려움을 제거해 주는 것이 무엇보다 중요하다. 내담자가 강박증에 신경을 쓰지 않는 순간 거리 두기와 객관화가 가능해진다. 무엇보다 상담자는 내담자 자신이 정신병에 걸릴까 두려워하는 마음에 대한 객관적인 시각을 보유하고 이를 바라보는 관점을 갖도록 도움을 주는 것이 중요하다. 내담자가 이러한 일이 일어나지 않는다는 사실을 객관적으로 인식하고 그러한 두려움을 떨쳐 버릴 때 내담자의 강박적 충동을 멈출 수 있다. 즉, 내담자의 두려움을 멈추게 하는 것만으로도 정신적 압박감이 줄어들 수 있으며 이때가 바로 내담자의 태도를 변화시킬 시점인 것이다. 상담자는 내담자 스스로가 어떻게도 바꿀 수 없는 정신병리적이고 불가피하게 존재하는 강박증을 오히려 긍정하고 수용하게 교육시키는 것이 중요하다(Frankl, 2017). 그러면 내담자는 더 이상 이로 인해 고통 받을 필요가 없으며 어쩔 수 없는 운명적 증상들은 오히려 더 경미해지게 된다.

태도변경을 위해 상담자가 내담자를 교육할 때 다음의 두 가지를 명백하게 해 주어야 한다. 첫 번째는 내담자가 자신의 강박적 사고에 책임이 없음을 인식시키는 것이고, 두 번째는 이런 생각들에 대한 자신의 태도에 책임이 있다는 것이다. 다시 말해, 선천적이거나 불가피한 것에 대해서는 수용하지만 그럼에도 불구하고 의미 있게 자신의 삶을 사는 것에 대해서는 본인의 선택이 있어야 한다는 것이다. 내담자가 증상에 함몰되어 있기보다는 오히려 삶의 과제에 몰입하면서 살 때 내담자는 강박적 사고에서 벗어나기 쉬워진다(Frankl, 2017). 결과적으로 어떤 정신질환의 내담자이든 자신의 태도는 자유로울 수 있으며, 그 태도는 자신의 정신질환에 대해 스스로 어떤 입장을 취할 것인지를 묻는다. 바로 이 질환에 대해 개인이 어떠한 태도를 취할 것인지가 의미치료의 출발점이라고도 할 수 있다.

Frankl은 자신의 일생 자체에 자신의 태도변경을 적용하는 삶을 살았다. 2차 세계대전 당시 3년 동안 다카우, 아우슈비츠 강제수용소에서 인간의 역사 중 가장 비인간적 속성으로 인한 고문과 살인의 현장에서 학대와 고통을 겪었지만, 가장 긍정적인 시각으로 인간의 삶을 구원하려 했다. 이는 유대인이라는 자신의 출생과 그 시대의 정치적 상황에 관련된 고통스런 삶의 현장을 맞닥뜨리면서, 그 상황을 변화시킬 수는 없었지만 자신의 태도를 변경함으로써 생존할 수 있었고, 오히려 의미치료를 완성하여 세상 밖으로 탄생시킬 수 있었다(Frankl, 2005b). Frankl은 인류역사상 인종말살이라는 가장 야만적인 20세기의 수난 속에서 가장 극한 고통을 직접적으로 체험했지만, 오히려 이를 통해 인류에게 가장 희망적인 메시지를 던진 사람으로 평가되고 있다.

내담자: 난 왜 이리 모자란 사람 같은지 모르겠어요.
상담자: 어떤 의미인지요?
내담자: 우리 애가 엄마랑은 대화가 안 통한다고 그러더라고요.
　　　　사람 마음을 그렇게도 모른다고요. 나는 무슨 일이 있으

면 빨리 해결해주려고 그래서 문제가 금방 보여서 처리해주려고 하는데… 애는 답답하다고 그러네요. 그것만이 아니라 사람들 앞에서 덜렁대고 생각나는 대로 막 이야기 하는데 집에 와서 생각하면 왜 쓸데없이 그렇게 말을 했지 하고 스스로 창피한 거예요.

상담자: ○○ 씨의 성격이나 대인관계 특성에 대해 자신이 맘에 들지 않는다는 거네요. 그런데 ○○ 씨는 어떤 특성이 있는 분이지요?

내담자: 저는 활발하고, 빠르게 일 처리하고, 긍정적이고, 음… 그리고 재치도 있어요.

상담자: 반면에 차분하고 상대방과 깊이 대화를 못하는 것 같아서 모자란 사람 같다는 생각이 드는 거네요. 그런데 ○○ 씨만의 특성이 ○○ 씨 삶에 준 선물은 뭘까요?

내담자: 이전에 직장에서 저는 업무능력이 뛰어난 사람으로 인정받았어요. 일처리 신속하고 명확하게 대화하고 그리고 사람들하고도 재미있게 잘 지냈고요.

상담자: 그러면 고민하고 있는 것처럼 자신은 모자란 사람인지요?

내담자: 저는 모자란 것이 아니라 내 특성이 그런 거네요. 나에 대해 다르게 생각하고 받아들여야겠어요. 나 자신 스스로 내 특성에 대해 다른 마음과 태도를 가져야겠네요.

4) 소크라테스적 대화

실존적 접근으로서의 의미치료는 내담자의 인생과 삶의 의미에 대한 질문을 통해 대화를 시도한다. 상담자는 내담자의 삶 속에서 나타나는 현상에 대한 질문을 제시함으로써 내담자로 하여금 스스로 자신의 삶을 책임져 나가도록 한다. 이는 내담자에 의해 구성되는 대답을 통해 내담자에 의해 능동적으로 이루어지도록 하는 것이다. 이러한 대화법 가운데 대표적인 것이 바로 소크라테스적 대화법이다. 소크라테스적 대화법은 나와 너의 관계를 통해 각각 독자적인 영역을 유지하면서 상호적으로 각각 떠오르는 독특한 의미를 찾게 하는 방법이다. 따라서 소크라테스적 대화법은 인간존재의 바로 그 유일성 안에서 또 다른 유일한 존재와 만남으로써 삶의 의미를 발견할 수 있다는 사실을 보여준다(한지윤, 강선보, 2015; Frankl, 2005a).

의미치료에서 상담자와 내담자의 대화는 주로 가르치거나 지시하는 것을 완화시키면서 내담자가 스스로 답을 찾아가도록 만드는 소크라테스적 대화법의 형식을 따른다(Cooper, 2014). 산파술이라 부르기도 하는 이 대화법의 형식은 소크라테스가 학생들에게 많은 양의 지식을 전달하기보다는 자신들의 내면 깊숙이 알고 있는 것을 의식하도록 가르쳤던 방법이다. 소크라테스적 대화에서 교사의 역할은 산모가 자녀를 잘 출산하도록 돕는 산파와 같은 역할이라 할 수 있다. 상담자 역시 내담자의 무의식적 목표를 낳도록 돕는 산파이다. 상담자는 대화를 통해 내담자가 무의식적 결심이나 억압되어 있는 희망, 무의미하게만 보였던 상황을 재평가해 스스로 성취에 도달할 수 있도록 주의를 개선시키는 역할을 돕는다(Fabry, 1985).

의미치료에서 무엇보다도 상담자는 소크라테스적 대화를 통해 내담자의 삶에서 의미를 발견하도록 돕는다. 의미치료의 가장 기본적인 원리로서 의미는 상담자에 의해 처방되는 것이 아니라 내담자 자신에 의해 발견되어야 한다. 내담자 자신의 가능성과 과업, 그리고 삶의 목표 역시 내담자 스스로 발견해야만 한다. 내담자 자신은 인생에서의 우선적인 가치를 깨닫고, 살아갈 가치가 있는 것을 향해 살아가는 방법을 배워야 한다. 상담자는 소크라테스적 대화를 통해 그러한 의미나 가치들에 대해 도전하고, 의미의 가능성을 지적해 주고 그러한 가능성의 목록을 작성하도록 도와주어야 한다. 그러나 최종적인 모든 결정은 내담자의 몫으로 남겨두어야 한다. 따라서 상담자는 내담자가 도달해야 하는 것을 제시하지 않아야 하고, 그러한 결정에 대한 자유는 내담자의 자유의지에 맡겨 둔다.

소크라테스적 대화는 내담자로 하여금 자신의 증상으로 거리를 두고 자신의 증상을 보다 객관적으로 보도록 한다. 또한 이러한 대화방식을 통해 내담자는 새로운 태도에 대해 자신을 개방할 수 있도록 하며, 증상을 정복하기 위한 성취에 주의를 기울이도록 도움을 받는다. 또한 소크라테스적 대화과정은 일종의 자기성찰 과정으로서 내담자로 하여금 영적 무의식에 도달하게 하고, 자신에 대한 진실한 평가, 잠재력, 좋아하는 방향 그리고 자신의 가장 깊은 의미 근원을 인식할 수 있도록 해 준다.

때때로 내담자는 어린 시절부터 인정받고 자신의 죄책감 회피를 위해 써 왔던 가면을 자기성찰 과정을 통해 벗고, 가면 아래 가려진 진정한 자기를 발견할 수 있어야 한다(Fabry, 1985). 이런 의미에서 의미치료 상담자는 동반자 역할을 한다. 상담자는 내담자와 하나가 되어 함께 의미를 추구하도록 돕는 역할을 한다. 의미치료에서는 단순하게 내담자의 감정을 위로하거나 어려움을 반영하는 것으로 충분하지 않다. 오히려 상담자는 소크라테스적 대화를 통해 내담자를 문제 속으로 밀어 넣는다. 결론적으로 의미치료 상담자는 소크라테스적 질문과 대화법을 통해 내담자가 스스로 자신을 성찰하고 선택을 할 수 있도록 도우며, 책임과 의무를 받아들여 문제가 아닌 새로운 방향으로의 전환 방법을 모색하도록 한다(Fabry, 1985).

대부분 강박증 내담자나 우울증 내담자에게 이러한 소크라테스적 대화의 적용은 앞에서 언급된 의미치료의 모든 과정에서 이루어진다. 소크라테스적 대화를 통해 상담자는 내담자가 자신의 감정을 단순히 이해하고 수용하는 것에 머물도록 하기보다는 내담자로 하여금 책임과 의무를 받아들이고 선택을 통해 작은 것일지라도 새로운 단계로 나아가도록 하여 문제로부터 벗어나도록 도전하게 한다. 이러한 도전은 공감적 상호작용을 통해 나아가기도 하지만 때로는 논쟁적으로 이루어지기도 한다. 따라서 소크라테스적 대화의 목적은 상담자와 내담자 간에 형성된 '나와 너'의 관계를 통해(Fabry, 1985), 상황에 대한 태도적 가치를 발견하기 위해 고통 가운데서도 의미를 찾도록 돕는 것이다(Cooper, 2014).

내담자: 저는 학력에 대한 콤플렉스 때문에 사람들과 만날 때마다 늘 위축되고 힘들어요. 사람들은 내가 어린 시절 잘 자라고 대학을 졸업한 줄 알아요.

상담자: 학력이 어떤 의미길래 ○○ 씨에게 중요한 이유가 되지요?

내담자: 내 학력을 알면 사람들이 저를 무시할 것 같아요. 사람들은 나를 좋아하는 것 같은데 가까워지면 제가 일부러 좀 더 멀리해요.

상담자: ○○ 씨는 50대 중반인데 그 나이 또래 분들에게 있어서 중요한 주제가 뭐지요? 또는 그들이 모이면 어떤 사람을 부러워하나요?

내담자: 음… 주로 아이들 이야기, 그리고 건강에 관한… 그리고 재테크나 노후에 쓸 재산… 그런 것이 있는 사람들을 부러워하는 것 같아요.

상담자: 그 세대에 학력은 어떤 의미지요?

내담자: 학력에 대한 이야기는 거의 안하는 것 같은데요…. 크게 의미를 두지 않는 것 같아요…. 다 그냥 아줌마들인데….

상담자: 그럼 학력은 주로 어느 세대에 중요한 주제나 평가기준이 되는지요?

내담자: 학교에 대한 이야기는 10대나 20대 때, 아… 나는 아직도 20대에 머물러 있는 것 같네요.

5) 호소기법

호소기법은 역설적 의도, 반성제거, 태도변경에 반응할 수 없을 정도로 의지가 약한 내담자를 위해 고안된 것이다(Lukas, 1984). 상담자는 내담자의 에너지 수준이 너무 약해서 내담자와 협력하여 치료계획을 세울 수 없을 때, 내담자의 자유의지나 인간 영혼의 자율성 혹은 내면적인 힘과 의지 등에 호소하는 전략을 구사한다.

내담자가 지나치게 각성되어 있어서 상담자와 성찰적 대화를 통해 상호작용하기가 어렵다면 태도변경의 기법은 활용될 수가 없다. 또한 내담자의 증상이 재발되면 역설적 의도나 반성제거를 사용하는 것이 효과가 없을 가능성이 높다. 이러한 경우에 호소기법이 유용하게 사용된다. 호소기법은 '자율훈련(autogenic training)'과 '의지의 암시훈련(suggestive training of the will)'을 통해 이루어진다(윤순임 외, 2005). 이들은 내담자의 의지를 강화하거나 생에 대한 긍정적인 태도를 갖도록 하기 위한 방법이다. Frankl 의 경우에 있어서도 그는 강제수용소에서 견디기 힘든 상황에 직면할 때마다 의지의 암시훈련에 해당하는 상상을 하였다. 그는 "어느 심리학자의 강제수용소 체험기"라는 제목으로 화려하고 멋진 강연장에서 강연하는 모습을 자주 상상했던 것이다(Frankl & Kreuzer, 1998). 이 훈련들은 복합적으로 이루어질 수 있으며 일반적으로 이완단계, 의지의 형성단계, 의지의 암시단계, 종결단계의 순서로 이어진다. 단계별 시행되는 내용은 다음과 같다.

- **이완단계**: 가능한 외부자극이 차단된 조용한 장소에서 수동적 자세를 취한다. 그리고 신체의 이완과 더불어 다른 생각은 배제하고 내담자의 의지에 대해서만 주의집중을 하도록 한다.

- **의지 형성단계**: 완전히 이완한 상태에서 신체의 중량감(손이 무겁다, 어깨가 무겁다 등), 온감(수족이 따뜻하다), 심장, 호흡, 복부, 머리 등에 느낌을 경험하면서 자신이 더 많은 의지력(신체 부위의 감각을 조절할 수 있는 의지력)을 가지고 있다고 확신하도록 한다.

- **의지 암시단계**: 긍정적이고 희망적인 내용의 생각과 좋은 피드백 반응을 통해 내담자의 심리적 안정과 회복이 이루어지도록 도와주어야 한다. 암시의 제시방법은 진지하면서도 간단하고 인상적이어야 한다(윤순임 외, 2005; Lukas, 1984). 가장 중요한 것은 내담자의 영성으로 들어가기 힘들 때 내담자가 쉽게 알아들을 수 있는 의미치료의 개념을 잘 조화시켜 제시하는 것이다.

- **종결단계**: 상상 속에 있는 상태로부터 의식으로 완전히 되돌아오도록 해야 한다. 모든 이완훈련은 심장, 근육, 순환계통이나 신체의 다른 부위에 영향을 주기 때문에 깨움이 충분하지 않거나 부적절하면, 내담자는 오랫동안 혼란되고 마음이 동요된다. 의지의 암시훈련에서 제시되는 내용은 약이나 치료방법, 치료목표 등이 아니라, 의미치료의 개념에 적절한 의지의 자유 또는 영혼의 반항적인 힘이 제시되거나 강화된다(윤순임 외, 2005; Lukas, 1984). 내담자에게 더 강해질 수 있다

는 것을 확신시켜 주면, 자신의 의지에 따라 행동할 수 있는 좋은 기회를 갖게 되고 심지어 증상이나 중독물질의 유혹에 맞설 수 있다.

호소기법은 조금 더 자기확신적이고 성숙한 성격을 구축할 목표로 자기주장훈련과 함께 결합하여 사용할 수 있다(윤순임 외, 2005). 이 기법들은 약물남용 집단상담에서 혹은 개인상담의 경우 내담자가 의존적이거나 불안정하고 불확실한 특성을 보일 때 활용할 수 있다. 어떤 내담자에게는 약물남용을 제거한 후에도 긍정적인 제안을 할 수 있다. 특히 약물남용 집단의 의미치료 과정에서 이완훈련, 호소기법(의지의 암시훈련과 자율훈련), 소크라테스적 대화가 구체적으로 사용되는데 의미치료가 시행되기 전 단계인 생리적인 수준에서 약물중독 증상을 약화시키기 위해 시도한다. 첫 단계에서는 생리적 수준 및 심리적 수준을 낮추기 위해 녹음테이프를 통한 이완훈련, 자율훈련, Jacobson의 점진적 이완훈련, 명상 등을 실시한다. 이러한 훈련을 통해 신체적 이완을 이룬 후에 의지의 암시훈련을 실시한다. 두 번째 단계에서는 영적인 수준을 다루기 위한 소크라테스적 대화를 활용한다(윤순임 외, 2005). 이완훈련과 더불어 사용할 수 있는 의지의 암시훈련 방법은 내담자의 의지를 강화하기 위한 의지의 힘과 자유를 제시한다. 그리고 의지를 확실히 갖게 하고 난 후 원래의 의식상태로 되돌려 놓는다(Lukas, 1984).

6) 유머의 활용

유머는 실존적인 존재로서의 인간이 지니고 있는 근본적인 특징이다. 인간은 자기 자신과의 심리적 거리를 유지할 수 있는 자기분리(self-distancing)라는 기본적인 능력을 지니고 있는데 이는 그 자체로서 인간의 특징이며 인간을 구성하는 기본능력이다. 유머는 자기분리의 특성을 지닌 요소로서 인간의 정신세계에서 중요한 '대처기제(coping mechanism)'라고 볼 수 있다(Frankl, 2005b). 이러한 유머의 특성은 인간의 삶에서 균형 잡힌 시각을 제공할 뿐만 아니라 자기의 한계 상황과 자기 자신 사이에 거리를 두고 자신의 상황을 객관적으로 바라볼 수 있는 여유를 갖게 해 준다. 미국에서 가장 위대한 대통령으로 손꼽히는 에이브러햄 링컨은 미국의 남북전쟁이라는 엄청난 역사적 소용돌이 속에서 수많은 난관을 겪었고 개인적으로 네 자녀 중 세 아이가 죽는 고통 속에서 심한 우울증을 겪었지만 끊임없는 유머를 통해 이를 슬기롭게 극복했던 사실은 매우 잘 알려져 있다. Frankl 역시 유머가 내담자로 하여금 문제에서 한 걸음 떨어지도록 도울 수 있다는 점에 주목하였다. 내담자가 유머를 사용하면 불안에 압도되기보다 불안의 모순을 발견하고 대수롭지 않게 여기게 되기 때문이다(Cooper, 2014). Frankl은 역설적 의도, 반성제거, 또는 태도변경 등의 기법을 활용할 때, 이를 쉽게 적용하기 위해 유머를 활용하는 것에 대해 강조하였다.

내담자가 자신에 대해 유머로써 웃는 법을 배운다면 자기를 스스로 돌보고(self-care) 자기를 관리(self-management)할 수 있는 방식을 적용하는 것일 뿐만 아니라 심리적 치료도 이루어질 수 있다. 이는 유머가 자기 자신에 대해 웃을 수 있을 뿐만 아니라 자신이 느끼는 불안이나 공포에 대해서조차 웃을 수 있다는 것을 전제로 하고 있기 때문이다. 두려움을 유머로 승화하면서, 자신의 강박증이나 신경증까지 가볍게 여길 수 있는 여유를 불러일으키는 것은 자기초월적 극복방법이며 자기초월은 바로 의미치료의 핵심이다. 유머는 내담자 자신을 자신의 증상으로부터 스스로 분리시킴으로써 자기 자신을 적절히 통제할 수 있는 능력을 소유하게 한다.

예를 들어, 40대 중년 남성인 어떤 내담자는 20대 후반에 점원으로 일하던 중 강도로부터 총상을 입어 두 눈을 실명하였다. 수많은 고통 속에서 많은 사람의 도움을 받아 재활하였고 대학원에 진학하여 공부하게 되었다. 비록 잘 회복하여 자살충동도 사라지고 일상생활에 적응해서 살았지만 가끔씩 찾아오는 무기력과 우울증으로 힘들어서 상담실에 내방하였다. 상담하는 과정에서 자신이 보지 못하는 것에 대한 고통과 슬픔을 토로하면서 한편으로는 타인들에게 수업에서 자신의 모습이 어떻게 비쳐질지 매우 불안해하고 있었다. 상담의 과정에서 자신의 보지 못하는 시력에 대해 수업 중에 유머를 활용해 보기로 하였다.

한번은 수업 중에 교수가 칠판에 어떤 것들을 배열하는데 학생들의 의견이 분분하였고 이것에 대해 교수는 "불평들이 많군요 (lots of complains)"라고 농담을 하자, 이 내담자는 곧바로 "선생님! 저는 한 마디도 불평하지 않았어요. 어차피 보이는 게 없거든요"

라고 유머로 응수하였고 학생들은 그 내담자와 함께 크게 웃었다. 그러자 교수가 우리 수업에서 '교수를 배려하는 가장 훌륭한 학생'이라고 칭찬하는 유머를 하면서 수업은 매우 밝은 분위기가 되었다. 그는 시각장애인인 자신의 상황을 좀 더 적극적으로 드러내고 때로는 유머를 동원하는 과정에서 많은 교우들과 친밀해졌고 내담자는 우울과 무기력, 불안으로 인해 더 이상 괴로워하지 않게 되었다.

Frankl이 활용했던 사례에서도 광장공포증을 앓고 있는 내담자가 거리에서 졸도할까 봐 무섭다고 탄식했을 때 거리에서 졸도해 보라고 하였다. 내담자 역시 자신은 이미 거리에서 여러 차례 졸도했었고 오늘도 그럴 것이라는 식의 유머를 활용하여 말을 했을 때, 내담자는 이 두려움이 현실적 두려움이 아닌 신경증적 두려움임을 실감하게 되고 이로 인해 공포증과 거리를 둘 수 있게 되었다.

상담자는 내담자에게 유머를 선보이거나 유머로 인도하면서 내담자가 어떤 상황에 처하는 것을 쉽게 만들어 주어야 한다. 내담자가 증상을 대하는 방식을 재미있어 할 때 내담자 역시 웃을 수 있게 되고 이것은 결국 게임에서의 승리를 의미하는 것이다. 웃음과 유머는 자신과 거리를 둘 수 있게 하며 내담자 스스로가 자신을 신경증과 분리할 수 있게 된다. 인간이 자신의 어떤 증상과 자기 자신 사이의 거리를 확보하게 하는 데 있어서 유머만큼 좋은 수단은 없다(Frankl, 2017). 이와 같이 유머는 인간의 조건과 상황에 대한 태도 전환에 효력을 발휘할 수 있는 탁월한 의미치료의 상담기법이다.

6장
의미치료 상담사례

다음의 상담사례는 어떤 특정인의 실제 내용이 아닌 의미치료이론을 기반으로 상담하는 과정에 대해 좀 더 구체적으로 살펴보기 위해 역할연습을 했던 경험을 토대로 재구성한 내용이다. 의미치료는 구조화된 틀이 명확하게 제시되는 것은 아니다. 상담자에 따라 그리고 내담자의 상황과 특성에 따라 어느 정도 유연하게 다양한 방식대로 상담이 진행된다. 여기서는 단지 의미치료의 이론적 원리와 철학을 담고 있는 상담방식의 한 예를 보여 주는 것이며 의미치료의 전형적인 구조적 틀을 제시하는 것은 아니다. 상담에 가상적으로 등장하는 내담자에 대해 소개하면 다음과 같다.

장민지(가명)는 23세 여성이며 P대학교 학생으로 현재는 휴학 중이다. 최근 심한 자살사고에 시달리다가 늦은 밤에 호수에 빠져 자살을 하러 가려고 하는 계획을 눈치 챈 지인의 강력한 권유로 상담자와 직접 전화통화를 했고 며칠 후 상담센터로 내방하였다.

중고등학교 때 대인관계에서 고립적이었던 A는 대학 입학 후 ㅇㅇ동아리에 가입하여 뭔가 다른 삶을 살아 보려고 노력했으나 잘 되지 않았다. 그러던 중 활력 있게 생활하는 한 남자 선배 복학생을 몇 달간 혼자 좋아하게 되었고, 6개월 전에 고백하여 약 두 달간은 연인 사이처럼 매우 가깝게 지냈다. 그러나 얼마 전 그녀는 남자 복학생에게 그냥 학교 선후배 관계일 뿐 연인으로 사귀고 싶은 마음이 들지 않는다는 말과 함께 자신에게는 이미 결혼하고 싶은 다른 여자친구가 있다는 사실을 통보 받았다.

그 당시 그녀는 매우 낙담하기는 했지만 나름대로 담담하려고 애쓰면서 좀 더 시간이 지나면 괜찮아질 것으로 생각하였다. 그러나 시간이 지날수록 상실감과 좌절, 우울과 무력감이 심해져서 아무것도 지속할 수 없게 되었고 학기를 엉망으로 마쳤다. 방학 후에도 여전히 너무 힘들어서 휴학을 하였다. 현재 그녀는 심한 자살사고와 함께 우울 및 무기력증으로 아무것도 할 수 없는 상태이고, 이러한 마음상태에서 벗어날 수 있거나 더 이상 자기 삶이 좋아지지 않을 것이라는 확고한 생각 속에 갇혀 있다.

- 1단계: 상담관계 형성

첫 회기에 내담자는 잘 다듬지 않은 듯한 긴 머리를 하고 있으며 모자를 푹 눌러 쓰고 내방하였다. 내담자는 조금 큰 키에 피부가 검은 편이며 특별한 표정이 없고 캐주얼한 차림에 위생 상태는 괜찮은 편이었다. 초반에는 눈 맞춤을 거의 하지 않고 다소 경계하는 듯한 눈빛이 가끔씩 발견되었으며 단답형으로 짧게 말을 하면서 가끔씩 상담자를 쳐다보았다. 주변을 의식하는 듯한 태도를 보였으며 지치고 무기력한 모습으로 멍한 표정을 많이 짓고 감정이나 생각에 대한 질문에는 머뭇거리고 괴로운 표정과 함께 잘 모르겠다는 말을 자주 하였으나 시간이 지나면서 자신의 생각과 감정을 좀 더 길게 설명하며 이야기를 하게 되었다. 묻지 않으면 가만히 있고 질문하면 대답하려고 나름 노력하는 태도를 보였다.

(인사 및 상담자에 대한 소개 후)

상담자: 상담실에 오는 것이 쉬운 마음은 아니었을 것 같은데 어땠는지요?

내담자: (10여 초 정도 생각에 잠긴 듯이 보이다가) '와야 되나? 말아야 되나?' 지난번 통화에서 막상 온다고는 했는데 '와봐야 무슨 소용이 있지?' 뭐 그런 생각이 들기도 하고⋯. (말끝을 흐림)

상담자: 며칠 전 급하게 전화 통화할 때 오늘 만나기로 했는데 막상 오늘 오기까지 여러 가지 생각으로 마음이 복잡했군요.

내담자: 글쎄요. 잘 모르겠어요. 막상 오려고 하니까 귀찮기도 하고, '괜한 짓 하는 건가?' 하는 생각이 들었어요.

상담자: 음, 상담 받아 봐야 소용이 없을 것 같은 생각이 들었나 보네요. 그런데도 오기로 결정한 그 마음이 궁금하네요.

내담자: 다른 것보다도 어차피 약속은 했으니까, '그냥 한번은 가 봐야 되지 않나?' 그냥 그런 마음이 컸던 것 같아요.

상담자: 약속했던 그게 마음에 많이 걸리고 남았던가 보네요. 다른 사람에 대해서 그래도 책임 있는 사람이 되려고 노력하시는 마음이 엿보이는데요.

내담자: 뭐, 어쨌든 제가 약속을 했으니까요…. '차라리 오지 말까?' 그냥 그 생각이 되게 있다가 어쨌든 제가 오겠다고 선택을 했던 거였으니까 그래서 이제 오는 게 맞을 것 같다는 생각이 들어서….

상담자: 마음에서 크게 내키는 것이 아니었는데도 약속을 지켜 주시려고 했던 것이 나를 상당히 배려해 주었다는 생각이 드네요. 그런데 한번 와 보는 것 외에 혹시 또 다른 의미를 찾는다면 어떤 것이 있을까요?

내담자: 잘 모르겠어요. (30여 초 정도 침묵) 그렇지만 상담한다고 해서 제 생각이 바뀌거나 제 삶이 나아지지 않는다는 확신은 분명해요. 어차피 그 선배오빠가 아니면 제 삶은 여전히 불행하고 살아야 할 이유가 없으니까요.

상담자: 내 인생은 바뀌지 않고 여전히 불행할 거라는 말에 힘이 들어 있네요. 마치 굳은 결심이라도 하듯이.

내담자: 그건 내가 나를 잘 알고… 또 자연스럽게 확신이 되니까요….

상담자: 음. 선배오빠라는 분만이 유일하게 나를 바꿀 수 있는 힘을 줄 수 있는 사람이고 다른 어떤 것도 상담을 해도 소용없을 것이라는 건가요? (네) 상담자도 별 도움이 될 수 없을 것이라는 말에 내 마음도 조금은 막막해지는데요.

내담자: 미안해요. 상담이 쓸모없다는 뜻은 아니구요…. 그냥 내 마음이… 아무튼 잘 모르겠어요.

상담자: 선배오빠라는 분이 그만큼 중요하다는 말씀이군요.

내담자: 네. 그 아픔이 다른 걸로는 해결될 것 같지 않아요.

상담자: 민지 씨에게 그 아픔이 너무 커서 상담이 해결해 줄 수는 없지만 그래도 내가 상담에서 어떻게 해 주면 상담이 민지 씨에게 시간낭비가 아니라 이 시간이 가치가 있을지 알 수 있으면 좋겠네요.

내담자: (1분 정도 침묵, 생각하는 듯) 그래도 제 마음을 이해해 주시는 것 같아서 올 때처럼 마음이 어렵지는 않아요. 뭘 해야 가치가 있을지는 모르겠지만요.

상담자: 그 말을 들으니 내 마음 역시 한결 좋아지네요. 다른 건 아직 확정할 수는 없지만 민지 씨 아픔과 마음을 최대한 이해해 보도록 노력해 볼게요. 내가 민지 씨 마음을 잘 이해 못하는 것 같으면 그냥 마음에 담고 있거나 참지 말고 곧바로 이야기해 주면 나는 더 좋아요.

내담자: 고맙습니다. 사실 엄마나 다른 선배에게 이야기했었는데 답답하고 화만 났어요. 얼마 전부터 더 이상 말을 안 하기로 했어요.

상담자: 민지 씨가 힘들어진 것이 선배오빠와의 이별 때문이라
고 며칠 전 전화통화에서 간단히 말을 들었는데 어떤 일
이 있었는지 말해 줄 수 있는지요?

내담자: 어떻게 보면 정식으로 사귄 것도 아니지만 내 꿈과 살아
갈 이유가 다 사라진 것 같아요···. (이하 생략)

⋮

상담자는 호소문제를 중심으로 동아리에서 만난 선배오빠와의
관계 및 내담자의 특성에 대해(내담자 소개에서 설명된 내용) 좀 더
구체적으로 탐색하며, 수용적 대화로 상담관계를 형성하고자 노
력하였다. 첫 회기 후반에 상담구조화에 대한 내용(비밀유지 예외
사항, 자살충동이 심해질 경우에 시행해야 할 대책, 상담에서 상담자와
내담자의 협력적 관계)의 의견을 서로 나누고 상담적 구조 틀을 형
성하였다.

⋮

(첫 회기 상담을 끝내면서)

상담자: 오늘 처음에는 약속했기 때문에 별 기대를 하지 않고 상
담에 왔지만 한 시간 정도 함께 이야기를 나누고 마치면

서 혹시 어떤 것에 의미가 있었는지 말해 줄 수 있는지
요?

내담자: 저의 삶이 달라지거나 마음이 좋아질 거라는 생각이 들
지는 않지만 일단 속마음을 조금 편하게 이야기할 수 있
어서 괜찮았어요. 다른 사람들과 이야기하는 것하고는
달라서 앞으로 좀 더 이야기를 할 수 있을 것 같다는 생
각이 들어요. 다른 사람들하고 이야기하면 '첫사랑이라
그렇다' '시간이 지나면 괜찮다' '하나님이 너를 사랑하
신다' 등 이런 이야기하면서 좋은 뜻으로 해 주는 건 알
겠지만 자꾸 설득하고 대수롭게 여기지 않거나 너만 유
별나다는 듯이 말하는 것 같아서 그런 이야기를 듣는 것
이 정말 싫었거든요.

■ 2단계: 증상으로부터의 분리

첫 회기 이후 내담자는 상담시간에 맞추어 성실하게 내방하였
으며 몇 회기 동안은 남자 선배에 대한 만남의 과정과 자신의 최
근 일상에 대한 이야기 등을 상세하게 이야기하면서 슬픔, 우울,
분노 등 다양한 감정들을 표출하였다. 내담자는 주로 자신이 지옥
속에 있는 듯한 마음을 토로하였으며 상담자는 현상학적 안목으
로 내담자의 내면적인 아픔을 수용하면서 명료화시켜 주었다.

내담자의 최근 일상은 아침 늦게까지 잠을 자고 오후 늦게까지
아르바이트를 하며 그 후에는 거리 또는 남자 선배 집 근처를 배

회하다가 집에 들어와서 새벽까지 잠을 이루지 못하다가 겨우 잠이 든다. 자신은 게으르고 무능력하며 대인관계도 잘 하지 못하는 찌질이 같은 사람이고, 또한 현재의 우울증과 불면증에서 헤어 나올 수 없다고 탄식하였다. 그래도 상담자와의 관계에서 첫 회기보다 눈 맞춤이 훨씬 수월해지고 여전히 자신의 생각과 불행감 속에 빠져 있지만 말을 하는 속도는 좀 더 빨라졌다. 내담자는 자신의 생각과 감정에 대한 이야기를 좀 더 상세하게 설명하고자 하였으나 이야기를 마무리할 때마다 자신은 다른 사람들과는 달리 제대로 할 수 있는 것이 없으며 결국 살아야 될 의미도 없고 가치도 없다는 것을 여러 번 강조하였다. 남자 선배로부터 버림받은 것으로 인해 그러한 생각이 더욱 굳어지게 되었다고 하였다.

(4회기 중반 즈음)

상담자: 실제 사랑하는 연인관계로 깊어지지 않았는데도 민지 씨가 느끼는 상실감은 일반적으로 이해하기 어려울 만큼 엄청나게 크네요.

내담자: (한동안 소리 없이 흐느껴 울기 시작함) 그래서 주변 사람들이 이해가 안 되니까 나를 이상하게 봐요. 사실 그렇지요. 선배오빠 입장에서 보면 내가 먼저 고백을 했고 아마도 곧바로 거절하면 내가 상처받을까 봐 좀 생각해 보자고 한 것 같은데… 그렇게 한두 달 정도가 지난 거지요. 그리고 동아리 안에서 그냥 친하게 같이 밥도 먹

고 커피도 마시고 장래나 미래에 대한 이야기도 많이 나누고… 그러다 안 되겠다 싶었는지 명백하게 그냥 선후배 사이로 지내자고 하더라구요. 그런데 내가 힘들어하고 집착하는 것처럼 보이니까 자꾸 피하더라구요. 며칠 전엔 SNS도 차단당했어요.

상담자: 민지 씨는 희망에 들뜬 연인 같은 시간을 보내고 있었는데 오히려 남자 선배는 부담스런 시간들이었던 것 같군요. 둘이 가깝게 지냈던 시간이 두 달도 채 안 되는데도 이토록 크게 민지 씨를 좌절시키고 있는 거네요.

내담자: (계속 눈물을 흘리며 겨우 말을 함) 네. 이제는 아무것도 못할 것 같아요. 그냥 하루하루가 지옥 같고 아무 희망이 없으니까 그냥 죽는 게 낫다는 생각이 들어요.

상담자: 민지 씨가 말로는 표현이 안 되리만큼 큰 상실감을 느끼고 있네요. 처절한 상실감은 나 자신보다도 더 사랑하는 사람을 잃어버렸을 때 느끼는 감정이라고 하는데 그 선배가 민지 씨에게 어떤 의미이기에 이토록 고통스런 상실감을 느끼는지 궁금하네요.

내담자: 선배오빠로부터 거절당하고 내 미래가 없어졌어요. 내가 원했던 활력 있는 생활이나 꿈이나 희망, 미래의 방향 등이 모두 사라졌어요.

상담자: 미래를 약속한 사이나 함께 설계한 사이도 아니었는데 민지 씨의 소망이 사라졌다는 말이 선뜻 이해가 되지는 않네요.

내담자: 원래 저는 중고등학교 때부터 꿈도 비전도 없었어요. 그 냥 무기력한 하루하루였어요. 겨우 일어나서 학교 가고 학원 가고 대학도 운 좋게 합격한 거구요. 합격을 목적으 로 하다 보니까 전공도 저하고는 너무 안 맞아요. 전공에 대한 기초 지식도 없어서 따라가기도 정말 어렵구요.

상담자: 오랜 시간 힘든 시간을 견뎌 왔네요.

내담자: 더군다나 인간관계는 늘 나를 작게 만들어요. 정말 많이 애써 왔는데 함께해 주는 사람이 없었어요. 아버지는 정 해진 이야기만 하고 엄마는 사회에서 살아남는 말만 하 고 둘 사이는 항상 냉전상태라 집에선 불안했어요. 선배 오빠랑 헤어지고 나니까 그 공백이 너무 크게 느껴져요. 사실 선배를 만나고 함께 다니면서 희망이 생겼거든요. 선배오빠를 알아 가다 보니까 내가 살고 싶었던 모습이 다 있는 거예요. 비전도 있고, 열정도 있고, 가치관이나 생각들이 분명하고 활력이 있고… 그러한 것들을 함께 하며 따라가고 싶었어요. 그리고 조금씩 나도 그렇게 될 수 있을 거라는 희망이 생겼었어요. 롤모델처럼요. 그 선배오빠를 만나게 한 것은 하나님이 나를 사랑한다는 증거라고 생각이 되었어요. 지금은 하나님도 정말 원망 스러워요. 이렇게 될 거면 왜 만나게 했는지….

상담자: 이렇게 힘든 더 큰 이유는 선배오빠의 거절과 함께 잠시 희망으로 보였던 민지 씨의 진정 원하는 삶이 사라져 버 렸기 때문인 것 같군요.

내담자: 더 이상 내 미래는 없는 것 같아요. 자신도 없었고 내가 살아갈 기반이 되는 힘도 없었는데 선배오빠를 만나면서 이상하게 조금씩 생기기 시작했어요. 그냥 따라서 하면 될 것 같았어요. 선배오빠가 없어지면서 이러한 모든 것들이 사라졌어요. 그냥 암흑 같아요.

상담자: 음… 선배오빠 자체가 내가 그토록 원해 왔던 진정한 나 자신이었네요. 혹시 괜찮다면 내가 여기 하얀 종이 위에 길게 3등분을 할게요. 왼쪽에는 '선배오빠를 만나기 전의 나, 중앙엔 선배오빠를 만날 때, 오른쪽엔 선배오빠가 거절한 이후의 나'에 대해 무엇이 다른지 적어 봐 주실래요?

내담자: (잠시 생각하더니 말을 하면서 볼펜으로 간단한 단어로만 적음) 선배오빠를 만나기 전의 나는 게으르고 늘 마음이 가라앉아 있는 듯 무기력하고 그리고 어떤 사소한 것에 대해 강박적이기도 했어요. 선배오빠를 만나고 있을 때의 나는 게으름이 상당히 줄어들고 있었고 뭔지 모를 희망이 싹트고 있었구요. 선배오빠로부터 거절당한 이후의 나는 무기력하고 우울하고 슬프고 무가치하게 여겨져요.

상담자: 그렇군요. 선배오빠를 만나기 전의 모습과 선배오빠로부터 거절된 이후의 모습이 전혀 다른 모습은 아니에요.

내담자: 그렇네요. 사실 선배오빠와 헤어졌기 때문에 지금의 내 모습이 된 것은 아니에요. 색깔만 더 짙어졌을 뿐이지 원래 저에게 그런 모습이 중등학교 때부터 있었어요.

상담자: 지금 겪고 있는 우울이나 고통이 단지 선배오빠 때문만은 아니라는 거네요. 그러면 민지 씨가 원했던 삶, 즉 뭔가 비전이 있고 활력이 생기고 미래에 대한 희망이 있으면 선배오빠로 인한 좌절감이나 고통에서 벗어날 수도 있다는 건가요?

내담자: 그럴 수도 있을 것 같아요. 하지만 무슨 말씀을 하시려는지 알겠지만 이런 상황에서 내가 크게 변화될 것 같지는 않아요.

상담자: 그렇게 힘든 마음이 쉽게 회복되기는 어렵겠지요. 그런데 그렇게 힘든 마음으로 요즘 무슨 일을 하며 어떻게 살고 있지요?

내담자: 아르바이트 해요. 오후에 알바 두 군데 하고 밤늦게 끝나고 와서 배회하다가 들어와서 새벽까지 이 생각 저 생각 하다가 늦게 잠들고 점심 가까이 일어나서 씻고 또 알바 나가요.

:
:

상담자는 우선적으로 선배오빠로부터 거절당한 내담자의 상실감과 이로 인해 촉발된 깊은 우울이나 무기력 등의 감정을 수용하면서 내담자와 더욱 심층적인 상담관계를 형성하였다. 이와 동시에 내담자의 기본적 증상으로 나타나는 상실감에서 벗어나도록 진행해 나갔다. 초기에 내담자는 자신도 모르게 자신의 증상이 선배오빠로 인해 생긴 것이라 생각하였지만 점차 과거부터 이미 자신에게 있었던 특성임을 성찰하기 시작하였다. 또한 내담자의 일상에 대한 이야기로 전환되기 시작함으로써 자신이 그러한 증상에 그저 무기력하게 수동적인 자세를 취하고만 있지 않다는 사실도 발견해 나갔다. 이를 토대로 이후 몇 회기에 걸쳐 상담자는 내담자의 증상에 대한 이해와 함께 본래 내담자 자신이 원했던 삶의 가설이 아니라는 것을 인식하고 내담자 자신에 대한 그릇된 태도를 서서히 자각하게 함으로써, 삶에 대한 내담자 자신의 책임을 수용하고 잠재적 가능성을 발견하도록 하는 것에 초점을 두고 상담을 진행하였다.

■ 3단계: 태도의 수정

6회기에 내담자는 처음으로 모자를 벗고 상담실에 왔으며 가끔씩 웃는 모습을 보이기도 하였다. 최근 자살사고에 대한 점검 결과, 자살사고에 깊이 몰입되거나 자살충동이 심각하게 일어나지는 않고 있었다. 대화의 핵심적인 내용이 선배오빠로부터 자신의 성장과정과 삶의 특성으로 옮겨졌으며 선배오빠의 거절이 자신에게 죽음만큼 힘든 상실을 주게 된 요인을 다른 각도에서 보기 시작하였다. 아직 내담자가 자신에 대해 긍정적인 관점으로 바라보고 있지는 않지만 자신의 삶의 의미와 가치에 대한 성찰을 시도하고 있다.

(7회기 초반)

상담자: 오늘은 많이 추워졌네요. 한 주 동안 어떻게 지냈는지요?

내담자: 특별한 일은 없었어요. 매일 비슷하게 지내고 있어요. 오전에 늦게 일어나서 오후에 아르바이트 하러 가고 밤 늦게 와서 이것저것 하다가 늦게 잠자리에 들어요.

상담자: 마음이 많이 어둡고 힘든 상태로 아르바이트 하는 것이 쉽지 않을 텐데 시간도 잘 지키면서 꾸준히 하고 있네요. 경제적으로 알바를 열심히 하는 이유가 특별히 있는지요?

내담자: 경제적으로도 특별히 꼭 해야 하는 이유가 당장 있는 것은 아네요. 휴학하고 있으면서 용돈 받아쓰기가 미안해서요. 그리고 그거라도 안 하면 폐인될 것 같아서요.

상담자: 나름대로 민지 씨가 자신을 지키기 위해 애쓰고 있는 거네요. 아르바이트를 할 때 업무 실행하는 것은 괜찮은지요?

내담자: 알바시간은 일하는 데 집중할 수 있어서 오히려 괜찮아요. 가끔씩 마음이 슬프고 힘들기도 하지만 크게 복잡한 일이 아니고 주문 받고 서빙하는 일이라 실수하거나 어렵지는 않아요.

상담자: 민지 씨는 마음이 이토록 힘든 상황에서도 완전히 무기력한 상태로 자신을 내팽겨 치지 않으려고 애쓰고 있는 자신에 대해 어떤 사람이라고 생각되는지요?

내담자: (1분 정도 골똘히 생각) 잘 모르겠어요. 나 자신에 대해 생각하면 곧바로 떠오르는 단어가 '쓸모없는 인간'과 '게으른 인간'이라는 말이에요. 왜 그런지는 모르겠지만 늘 그래 왔어요.

상담자: 내가 어떤 사람인지 잘 모르는데 그냥 자연적으로 '나는 쓸모가 없고 게으른 사람이다'라고 생각이 되는군요. (네) 쓸모없다고 생각하는 이유가 무엇인지 궁금하네요.

내담자: 나 자신을 생각해 보면 이제까지 뭐 하나 제대로 해놓은 것도 없어요. 전공에 대해서도 아는 것이 없고, 어떤 꿈이나 비전이 있는 것도 아니고, 그렇다고 제대로 친한 인간관계가 있는 것도 아니고, 나 자신이 열정은커녕 너무 무력하고 소심하고 암튼 스스로 봐도 답답하고 미래에 대해 너무 막막해요. 그런데 그 선배오빠를 보면 어떤 면에서는 나하고 성격이 비슷한 것 같은데 비전도 있고, 자신감도 있고, 전공에 대해서도 잘 알고, 사람들하고도 잘 지내고, 여러 가지 일들을 열정적으로 하더라구요. 내가 몰라서 물어보면 잘 가르쳐 주고 나도 그 선배오빠를 따라 하면 조금씩 내 생활이나 자신이 바뀔 것 같았어요.

상담자: 선배오빠가 말이나 행동 자체에서 민지 씨에게 처음으로 변화할 수 있는 희망과 용기를 주었군요. 그러면 민지 씨는 다른 사람에 의해서만 자신도 그리고 자신의 미래도 결정되는 건가요?

내담자: 글쎄요? 왜 그런지 잘 모르겠어요.

상담자: 다른 사람에 의해서 내가 결정된다면, 그렇다면 '쓸모없는 인간' '게으른 인간'은 누구의 말인가요?

내담자: (15초 정도 침묵) 아버지가 주로 저한테 그렇게 말한 것이 떠오르네요. 아버지가 나에게 쓸모없는 짓 한다고 자주 그랬어요. 너는 게을러서 뭐 하나 제대로 하는 것이 없다고 화를 많이 냈어요. 대학에 들어간 것도 그냥 운이 좋아서 붙었다고… 다른 사람들은 괜찮은 학교 다닌다고 하는데 나는 우리 학교가 좋은 줄 모르겠어요. 다른 사람들은 내가 공부를 잘해서 그 대학에 들어갔다고 하는데 나는 그런 생각이 안 들어요. 운이 좋으면 누구라도 들어갈 수 있는 대학이라고 생각돼요.

상담자: 그렇군요. 아버지에 의해서는 민지 씨는 쓸모없는 사람이 되고, 선배오빠에 의해서는 그래도 희망이 있는 사람이고 그러네요. 만일 민지 씨에 대해 아무런 편견이 없는 사람, 그런데 민지 씨에 대해 기본적으로 아주 따뜻한 마음을 지닌 사람이 민지 씨를 나에게 소개한다면 뭐라고 말할 것 같아요?

내담자: 글쎄요…. 소심하고 답답하지만 그래도 성실하고 착한 사람… 뭔가 열심히 하고는 싶은데 잘 안 되서 힘들어하는 애… 열정만 있으면 좀 괜찮을 것 같은데… 그런데 다른 사람 눈치도 많이 보는 것 같아요….

상담자: 아… 민지 씨가 세심하고 성실한 것은 분명하군요. 그런데 다른 사람의 눈치를 많이 본다고 했는데 그 이유가 무

엇일 것 같아요?

내담자: 다른 사람이 나를 어떻게 생각할까 하는 염려가 돼요. 어떤 일을 할 때도 뭔가 잘못될까 봐 아주 강박적으로 자꾸만 반복하고 불안해요. 그래서 늘 피곤하고 잘 때도 생각이 많아서 쉽게 잠을 못 들어요.

상담자: 민지 씨는 다른 사람의 눈에 보이는 모습이 중요하게 생각되는군요. 그래서 어떤 일을 해도 완벽하게 하는 것이 중요하고 결국 완벽하지 못한 자신이 늘 가치 없이 생각이 되고 속으로는 우울하고 불안하구요. 민지 씨는 살아가는 의미나 가치가 마치 다른 사람을 만족시켜 주거나 인정받는 것에 있는 것처럼 들리네요.

내담자: (눈가에 눈물이 맺히며) 내가 다른 사람과 함께 있거나 어떤 해야 하는 일이 있으면 엄청 긴장이 돼요. 내가 무엇을 해야 할지도 잘 모르겠어요. 무슨 말을 해야 할지도 모르겠고 또 말을 하고 나서도 뭔가 잘못한 것 같아서 스스로 나를 많이 비난해요. 저는 나 자신에 대해 생각할 때 '내가 나에 대해 아는 것이 없다'는 이것이 슬퍼요.

상담자: 그런데 여기서 나와 이야기할 때는 자신의 생각이나 마음을 잘 표현하고 있는 것 같은데 민지 씨는 어떻게 생각되세요?

내담자: 처음에는 불안하고 주저했지만 선생님이 잘 이해해 주시니까 말하는 것이 크게 불편하지 않아요.

상담자: 아~ 그러면 자신을 모르겠다고 하는 말은 진짜 모르거

나 표현을 못하는 사람이 아니라 상대방에 대해 너무 긴
장하니까 그런 것으로 이해해도 되나요?

내담자: 네, 그런 것 같기도 해요.

상담자: 그러면 이런 긴장상태에서 민지 씨 자신이 시도할 수 있
는 몇 가지를 함께 시도해 보려 하는데 괜찮을까요? 무
엇보다도 민지 씨가 해 보겠다는 의지가 중요해요.

내담자: 어떤 건데요. 할 수 있으면 해 볼게요. (이하 생략)

:
:

상담자는 내담자의 자신에 대한 태도, 특히 '쓸모없음과 게으름'
으로 자신을 보는 태도를 변경시키기 위한 개입을 하였으며 증상
들의 원인이 자신의 무능함과 무기력만이 아니라 오히려 타인에
대한 긴장과 인정을 위한 것에 몰입되어 있음으로 나타나는 현상
이라는 것을 인식하도록 작업하였다. 이후 상담자는 몇 회기에 걸
쳐 호소기법을 활용하여 이완훈련과 자율훈련, 그리고 의지의 암
시훈련을 통해 다른 사람 앞에서 자유롭게 말하는 자신에 대한 내
면적인 힘을 기르도록 하였으며 이를 자기주장훈련을 통해 가족
들에게 실제적으로 활용할 수 있도록 하였다. 또한 반성제거에 대
한 기법을 통해 자기 자신에 대한 지나친 관찰과 자기검열 등 여
러 가지 생각으로 힘들어질 때 직접적으로 활용해 보도록 하였다.
특히 내담자가 고등학교 때 역사를 좋아했던 것을 기억했고, 그리

하여 밤늦은 시간에 자기에 대한 과도한 몰입과 여러 생각이 다시 자신을 사로잡을 때 잠을 자려고 노력하기보다는 역사에 대한 서적을 읽고 자신이 직접 그 사건이나 인물들에 대한 평가를 해 보도록 하였다. 이를 통해 불면이나 지나친 불안 등의 증상에서 서서히 벗어나기 시작하였으며 집에서도 내담자가 힘들어하는 것이 무엇인지를 좀 더 명확하게 이해하기 시작하였다.

- 4단계: 내담자의 새로운 의미경험

내담자는 7회기 이후 불안과 불면, 그리고 우울과 상실감에서 어느 정도 벗어나기 시작하였다. 특히 이완훈련과 자율훈련 등 호소기법을 통해 대인관계에서 나타나는 긴장이 많이 감소하였으며 변화에 대한 자발적인 의지를 보이기 시작하였다. 내담자는 성장과정에서 겪었던 불안과 갈등에 대한 주제를 드러내기 시작했으며 이러한 사건들이 어떻게 자신의 삶에 영향을 끼쳤는지에 대해서도 성찰하기 시작하였다. 이후의 상담에서 상담자는 내담자 자신의 특성에 대한 수용과 함께 내담자의 삶에 대한 의미와 가치를 새롭게 경험하고 미래적 삶에 대한 의지적 선택을 할 수 있도록 개입하였다.

(10회기 초반이 지나면서)

상담자: 민지 씨는 자신이 원하는 삶의 방식을 이루지 못하기 때

문에 스스로를 가치 없다고 여러 번 말하고 있네요. 만일 창조주가 민지 씨의 소원을 들어준다면 구체적으로 어떤 모습으로 상상이 될까요?

내담자: 이제까지 말씀드렸던 것처럼 뭔가 꿈도 있고 그것을 향해 하루하루를 활기차게 생활해 나가고, 여러 사람들하고도 친하게 잘 지내고… 자신감이 있고 활동적이었으면 좋겠어요.

상담자: 그렇군요. 만약 그렇게 된다면 민지 씨의 삶은 어떤 의미가 있는 거지요?

내담자: 그러면 뭔가를 이루어 내고 그렇게 된다면 다른 사람들에게 많이 사랑받고 인정받을 것 같아요.

상담자: 다른 사람들에게 인정받는 것이 민지 씨에게는 중요한 삶의 의미가 되는 거네요. 그러면 민지 씨가 유능해진다 해도 여전히 다른 사람의 평가에 매달리게 되겠네요.

내담자: 그렇게 되는 건가요? …(침묵)… 그렇겠네요. 그렇게는 살고 싶지는 않은데….

상담자: 민지 씨 삶의 주인은 누구지요?

내담자: 내 삶의 주인이 내가 아닌 것 같아요.

상담자: 조금 전 그렇게 살고 싶지 않다고 했는데 그러면 어떻게 사는 것이 민지 씨가 주인이 되는 거지요?

내담자: 일단은 나에게 집중해야 될 것 같아요. 내가 무엇을 하고 싶은지? 내가 원하는 것이 무엇인지? 내가 무슨 일을 하고 싶은지? 다른 것보다도 내 자신이 원하는 미래가

무엇인지를 찾아야 될 것 같아요.

상담자: 참으로 반가운 소리로 들리네요. 그런데 그것을 위해 먼저 생각해 보고 싶은 것이 있어요. 아까 창조주가 다시 나를 만들어 준다면 하는 가상적 질문에서 민지 씨가 원했던 그 모습이 과연 가능할까요?

내담자: (30여 초 생각) 나는 사실 내향적인 면이 많고 조심스러운 사람이라 그렇게 180도 다른 사람이 되기는 어려울 것 같아요. 그런 사람들이 유능해 보이고 인기 있고 인간관계도 잘하는 것으로 보여서 부럽긴 해요.

상담자: 민지 씨가 그렇지 못해서 늘 힘들었잖아요? 그런데 선배 오빠도 민지 씨와 성격적으로는 비슷하다고 말했던 기억이 나네요.

내담자: 네. (잠시 생각) 대화를 해 보면 오빠도 내성적이고 조용하고 기본적으로 나와 성격이 비슷해요. (눈물 글썽임) 그래서 나도 오빠를 따라 하면 되겠구나 하는 희망이 들었던 거지요.

상담자: 선배오빠 생각하니까 또 슬퍼지는 것 같네요. 그런데 선배오빠의 삶은 민지 씨와 무엇이 다르기에 그 모습이 좋았던 거지요?

내담자: 오빠도 나와 비슷한 사람이기는 한데 나랑 다른 것은… 일단 자기가 원하는 것을 알고 계획하고 자신을 가지고 생활해 나가는 것 같아요. 다른 사람과 비교하는 것 같지 않았어요.

상담자: 그러면 성격 자체가 문제가 되는 것은 아닌 거네요. 선배오빠와 민지 씨의 차이는 '누가 자신의 삶의 중심인가'에 대한 것으로 보이는데 민지 씨 생각은 어떠신지요?

내담자: 그런 것 같아요. 오빠는 자기 인생을 살아가는 것 같은데 나는 그렇지가 못해요. 그래서 암울했어요. 내가 나에 대해서도 잘 모르겠고 어떻게 하는 것이 옳은지도 몰라서 늘 쩔쩔맸지요. 고등학교 때까지는 대학가는 것에만 몰두했으니까 학교 갔다가 학원 가면 되는 거였고… 힘들긴 했지만 그렇게 마음이 고민스럽지는 않았거든요.

상담자: 기분은 순식간에 바뀌고 활동적으로 바꿀 수는 없겠지만 그래도 혹시 민지 씨의 의지를 발휘해서 자신의 삶을 위해 지금 결정할 수 있는 일을 선택해 본다면 어떤 일이 있을까요?

내담자: 학교를 완전히 그만두지 않는 이상 힘들더라도 일단은 복학을 해야 할 것 같아요. 그리고 이 전공을 지속할지 고민을 해 봐야겠어요. 복수전공도 가능하고요. 일단 나의 진로를 위해 원하는 것을 다른 사람에게 물어보지 않고 나에게 집중해서 생각해 보는 것을 해 볼 수 있을 것 같아요.

상담자: 자신에게 집중해 본다는 말이 마음에 깊이 와 닿네요. 그런데 민지 씨가 자신의 의지적 활동을 위해 민지 씨 자신에 대해 생각해 봤으면 좋겠어요. (4장의 작은 종이

들을 주면서) 민지 씨의 행동이나 관계적 특성을 보여 주
는 단어를 3~4개만 골라서 한 장에 한 단어씩 적어 보
시겠어요?

내담자: 글쎄요. 아마도 "강박적인, 동떨어진, 성실한, 눈치 살피
는"(한 장의 종이에 한 단어씩 적음)

상담자: (단어가 쓰인 4장의 종이를 내담자가 읽을 수 있도록 돌려놓
으며) 민지 씨의 특성이 이런 건데 이걸 보면서 어떤 느
낌이 들어요?

내담자: 답답해요. 다른 사람들도 나를 보면 답답할 것 같아요.
긴장이 느껴지기도 하구요.

상담자: 완전히 이런 특성을 바꿀 수는 없지만 여기에 있는 특성
을 덜어낼 수 있거나 여기에 어떤 것을 첨가시키면 (3장
의 종이를 더 주면서) 민지 씨의 모습이 스스로 마음에 들
거 같은지요? 가급적 실현 가능한 것으로요.

---이것에 대한 작업을 생활에서 가능한 것으로 구체적으로 함---

상담자: 내가 민지 씨에게 염려되는 것이 있어요. (네? 뭔데요?)
민지 씨가 다른 사람들과 이런 시도를 하다가 뭔가 기대
한 대로 안 되면 '역시 나는 찌질이야!' 등등 자기 특성을
스스로 비난할까 봐 걱정이 되네요. 혹시 이렇게 해 보
면 어떨까요?

내담자: 어떻게요?

상담자: 사람들에게 민지 씨가 다른 사람하고 있을 때 혹시 긴장이 되고 떨리면 떨지 않으려고 애쓰지 말고 오히려 더 떨어 보려고 노력하는 거지요. 불안해서 떠는 것은 민지 씨 특기니까 잘할 수 있을 거잖아요.

내담자: 네? 안 하려구 애쓰지 말고 오히려 일부러 더 떨도록 노력하라구요?

상담자: 그렇게 해 보겠어요. 그리고 다른 사람에게 말하는 거예요. '내가 원래 불안해서 떠는 것은 내 특기예요'라구요.

:
:

    10회기를 포함해서 이후 상담에서 상담자는 지속적으로 내담자가 자신의 성격이나 기질 등 운명적인 특성을 어느 정도 수용하도록 하고 자신의 삶에 대한 책임성을 강화시키도록 개입하였다. 또한 그러한 자신의 특성을 수용하면서 좀 더 조화와 균형을 갖추기 위한 작업을 시도하였다. 또한 좀 더 지속적이고 근원적으로 증상에 대한 통제를 위해 역설적 의도나 반성제거 등의 기법을 활용하여 내담자로 하여금 자신에 대한 태도를 변경하도록 개입하였으며 이를 통해 내담자는 스스로를 수용하기 시작하였다. 더 나아가 자신의 삶에 대한 책임과 의미에 대한 의지를 서서히 갖기 시작하면서 자신의 미래에 대한 실행계획을 갖추기 시작하였다.

■ 5단계: 의미 있는 활동경험 증진

　내담자는 14회기를 넘기면서 급속도로 안정을 찾게 되었고 상담자의 도움을 받아 나름대로의 삶의 계획을 세우고 조금씩 실행하게 되었다. 대인관계에서 여전히 불안한 모습을 보이지만 가족에서부터 가까운 지인들과의 관계에서 자신의 마음을 이야기하면서 좀 더 적극적으로 다가서는 노력도 하고 있다. 그 결과, 가족들이 비난을 피하고 호의적으로 대하기 시작하였으며 부모도 서로의 갈등을 줄이게 되었다. 또한 알고 있었던 몇몇 친구들과 조금 더 가까워지고 편안하게 대화할 수 있는 관계를 형성할 수도 있게 되었다.

(15회기 초반)

상담자: 오늘은 얼굴이 밝아 보이는 것 같은데 어떤 일이 있는 건가요?

내담자: 선생님! 다음 주부터 학교 나가기로 결정했어요. 계절학기부터 등록해서 다니려구요.

상담자: 그러면 생활이 많이 바뀌겠네요.

내담자: 그래서 알바 하나는 줄였어요. 오전에 수업이고 매일 가야 해서 밤늦게 끝나면 안 될 것 같아서요.

상담자: 지난번 학교 가는 것을 많이 주저했는데 어떻게 그렇게 빨리 결정한 거예요?

내담자: 부모님하고도 상의했고 제가 계속 미루면 안 되겠더라구요. 등록하고 나니 오히려 맘이 편해졌어요. 잘 적응할지 약간 불안하기는 해요.

상담자: 무엇이 가장 걱정되는지요?

내담자: 클래스에서 또 혼자 동떨어지는 것은 아닌지… 긴장해서 바보 같은 행동이나 모습이 되는 건 아닌지… 그럴까봐 걱정이 돼요. 물론 공부도 잘 해낼 수 있을지도 염려가 되구요.

상담자: 지난번 긴장될 때 오히려 더 떠는 모습을 시도하도록 하고 그걸 상대방에게 말하는 거 해 보면서 긴장이 많이 줄어들었다고 했었는데 요즘은 어때요?

내담자: 심하게 긴장되고 불안할 때 오히려 그렇게 하니까 도움이 되었어요. 지금도 가끔 사람들에게 그렇게 해요. 불안하다고 하면 더 불안할 줄 알았는데 오히려 그렇게 하니까 신기하게도 덜 긴장되더라구요.

상담자: 굿! 그런데 민지 씨 속에서 자연스럽게 올라오는 불안이나 긴장은 의지적으로 어쩔 수 없잖아요. 혹시 그럴 때 어찌하면 그런 느낌에 함몰되지 않고 자연스레 넘길 수 있을까요?

내담자: (20여 초 생각) 이것(불안, 우울, 긴장 등 부정적인 정서)들이 또 왔네… 하면서 욕을 해대면… 그리고 나한테 스스로 '넌 왜 그리 지랄이냐!'고 하면 좀 시원할 것 같기도 해요. (상담자와 내담자 함께 웃음)

상담자: 재밌는데요. 그러면 그런 것이 올라올 때마다 욕을 하거나 유머를 만들어서 웃어 버리면 어떨까요?

…… (중략) ……

상담자: 혹시 선배오빠의 이번 경험이 민지 씨의 삶에 어떤 의미를 던져 주는 것 같아요?
내담자: 아직도 많이 힘들기도 하고 슬프기도 하지만, 그리고 여전히 오빠가 나에게 와 주었으면 하고 포기가 되지는 않지만, 그래도 이번 일로 나 자신이 나를 바라보고 어떻게 취급하느냐가 중요하다는 생각이 들어요. 그런 면에서 오빠에게 고맙다는 생각이 들어요.

⋮

상담자는 내담자가 자신의 원치 않는 부정적인 특성을 유머화할 수 있도록 개입하였고 몇 주 후 내담자가 계절학기에서 잘 적응하고 나름대로 자신감을 되찾았다는 보고를 하였다. 내담자는 다음 학기에 복학하고자 하는 계획과 대학 내 학생상담센터에서 진로설정을 위한 상담을 받기로 결정하였으며 20회기로 종결하였다.

삶의 목적 검사(PIL)

본 삶의 목적 검사(Purpose in life: PIL-Test)는 Crumbaugh와 Maholick(1964)이 개발하고, 남궁달화(1983)가 번안한 것이다. PIL은 세 부분으로 구성되며, A 부분은 20문항으로 자신이 삶에서 의미를 경험한 정도를 묻는 질문에 대해 7점 Likert식 척도로 응답한다. B 부분은 13문항의 미완성 문장이며, C 부분은 삶의 목적과 야망을 이루었을 때 초래될 진전을 한 문단으로 표현하는 서술형이다. B 부분과 C 부분은 임상적 해석이 요구되고 객관적 점수화가 확립되지 않았다.

A 부분 척도는 인생목적, 목표달성, 생활만족, 실존적 공허, 미래열망, 내·외적 자아통제, 자아충족, 인생관으로 구성된다. 점수화는 20문항에 대해 순환하는 숫자 값을 더하는 것으로 이루어지며, 점수의 범위는 20에서 140 사이에 배열된다. 112 이상의 점수는 삶의 명확한 의미와 목적이 존재함을 의미한다. 92에서 112 사이의 점수 분포는 '불분명한' 것으로 규정한다. 92 이하의 점수는 분명한 의미의 부족을 나타낸다(Crumbaugh & Maholick, 1964). Crumbaugh와 Maholick(1964)에서 신뢰도는 Cronbach's α.85이었으며, 남궁달화(1983)의 연구에서 신뢰도는 Cronbach's α.89였다.

본 검사는 여러분들이 평소 인생의 목적과 삶에 대한 가치가 어떠한지를 알아보기 위해 마련된 것입니다. 따라서 맞는 답이나 틀린 답이 있을 수 없습니다.

여러분이 내용을 읽은 후 자신에 대해 가장 알맞게 생각하는 숫자에 ○를 하십시오. 좌우로 서로 상반된 내용으로 표현되어 있습니다. '중간'은 여러분의 느낌이 어느 쪽에 있는지 판단하기 어려운 경우입니다. 그러나 가능한 '중간 4'에는 표시하지 않기를 바랍니다.

---

1. 나는 평소에:

1	2	3	4	5	6	7
↑			↑			↑
매우 지루하다			중간			활기에 넘치고 의욕적이다

---

2. 인생은 나에게 있어서:

7	6	5	4	3	2	1
↑			↑			↑
항상 신나는 것 같다			중간			완전히 틀에 박힌 듯하다

---

3. 나는 인생을 살아가는 데:

1	2	3	4	5	6	7
↑			↑			↑
전혀 목표도 목적도 없다			중간			뚜렷한 목표와 목적이 있다

---

4. 나에게 있어서 인간으로서 존재 가치는:

1	2	3	4	5	6	7
↑			↑			↑
전혀 의미가 없다			중간			매우 의미가 있다

5. 하루하루가:

7	6	5	4	3	2	1
↑			↑			↑
항상 새롭다			중간			꼭 같은 것의 반복이다

6. 내 마음대로 할 수 있다면:

1	2	3	4	5	6	7
↑			↑			↑
차라리 태어나지 않았으면 좋겠다			중간			몇 번을 다시 태어나도 지금처럼 살겠다

7. 정년퇴직한 후에 나는:

7	6	5	4	3	2	1
↑			↑			↑
평소에 하고 싶은 일들을 하겠다			중간			여생을 아무것도 하지 않고 그냥 쉬겠다

8. 인생의 목표를 달성하는 데 있어서 나는:

1	2	3	4	5	6	7
↑			↑			↑
조금도 실현시키지 못하고 있다			중간			완전히 성취시켜 왔다

9. 나의 인생은:

1	2	3	4	5	6	7
↑			↑			↑
공허하고 오로지 절망에 차 있다			중간			신나고 좋은 일들로 넘친다

10. 만일 내가 죽는다면 지나온 내 인생은:

      7   6   5   4   3   2   1

매우 가치 있었다고   중간   전혀 가치 없었다고
느껴진다   느껴진다

---

11. 나의 인생을 생각해 보면:

      1   2   3   4   5   6   7

종종 나의 존재이유를   중간   내가 왜 존재하고 있는지
의심한다   분명히 알 수 있다

---

12. 나의 인생에 비추어볼 때 세상은:

      1   2   3   4   5   6   7

나의 인생과 잘 들어맞지   중간   나의 인생과 아주 잘
않아 당혹케 된다   들어맞는다

---

13. 나는:

      1   2   3   4   5   6   7

매우 무책임한   중간   매우 책임감이
사람이다   강한 사람이다

---

14. 인간이 선택할 수 있는 자유에 관해서 볼 때 나는:

      7   6   5   4   3   2   1

절대적으로 모든 면에 대한   중간   유전이나 환경에 의해
선택의 자유가 있다고 본다   완전히 좌우된다고 믿는다

---

15. 나는 죽음에 대하여:

      7   6   5   4   3   2   1

준비가 되어 있고   중간   준비가 되어 있지
두렵지 않다   않고 두렵다

16. 나는 자살을:

```
    1       2       3       4       5       6       7
    ↑                       ↑                       ↑
어떤 탈출구로서 심각하게      중간                  결코 생각해
생각해본 적 있다                                  본 적이 없다
```

17. 인생의 목적이나 혹은 사명의 의미를 발견하는 나의 능력은:

```
    7       6       5       4       3       2       1
    ↑                       ↑                       ↑
아주 대단하다고              중간                사실상 그런 능력이
생각한다                                      없다고 생각한다
```

18. 내 인생은:

```
    7       6       5       4       3       2       1
    ↑                       ↑                       ↑
내 손에 달렸고              중간                내 뜻과는 상관없이
내가 마음대로                                 외부적 요인에 의해
만들어 갈 수 있다                             조정된다
```

19. 내가 날마다 하는 일들은:

```
    7       6       5       4       3       2       1
    ↑                       ↑                       ↑
즐거움과 만족을             중간                고통스럽고 지루한
주는 것들이다                                    것들이다
```

20. 나는:

```
    1       2       3       4       5       6       7
    ↑                       ↑                       ↑
삶의 목적도 사명도          중간                뚜렷하고도 만족스러운
발견하지 못했다                               삶의 목표를 발견했다
```

참고문헌

강성률(2009). 서양철학사 산책. 서울: 평단.

김성준(2008). 소크라테스 대화법에 나타난 대화의 구조분석. 교과교육학연구, 12(1), 19-37.

김인석(2012). 고통의 의미: 빅터 에밀 프랑클의 로고테라피를 중심으로. 인문학연구, 22, 5-29.

김정현(2007). 니체와 텍스트해석, 그리고 철학치료. 범한철학, 44, 145-176.

김정현(2009). 프랑클의 실존분석과 로고테라피, 그 이론적 기초. 철학연구, 87, 57-83.

김정현(2010). 철학과 마음의 치유: 철학실천의 지형도와 그 과제를 중심으로. 철학연구, 115, 47-74.

김춘경, 이수연, 이윤주, 정종진, 최웅용(2010). 상담의 이론과 실제. 서울: 학지사.

김충렬(2005). 빅터 프랭클의 삶의 의미론과 신앙생활. 신학과 실천, 9, 241-268.

노안영(2006). 상담심리학과 이론과 실제. 서울: 학지사.

박관수(2015). 빅터 프랭클의 삶의 의미론과 도덕교육적 함의. 도덕윤리과교육, 46, 257-280.

박범석(2004). 로고테라피를 통한 자아초월과 불교상담적 가치. 종교교육학연구, 19.

박정희(2011). 불안, 우울, 자살에 대한 실존의미치료: 빅터프랭클의 로고테라피 중심으로. 철학논총, 63(1), 249-269.

박현민(1996). 치료적 상담이론의 전인적 완성과 영적지도의 기초적 확립을 위한 영성적 상담론에 관한 기획. 수원가톨릭대학교 대학원 석사학위논문.

손영삼(2010). 현존재분석과 실존치료. 동서철학연구, 58, 493-510.

윤순임, 이죽내, 김정희, 이형득, 이장호, 신희천, 이성진, 홍경자, 장혁표, 김정규, 김인자, 설기문, 전윤식, 김정택, 심혜숙(2005). 현대상담, 심리치료의 이론과 실제. 서울: 중앙적성출판사.

이영의(2014). 자살에 대한 치료적 설명-정신분석, 로고테라피, 목적론적 상담의 비교. 범한철학, 72, 415-443.

이정렬(2015). 의미찾기를 통한 도덕과 교육: 로고테라피 이론을 중심으로. 윤리교육연구, 38, 25-47.

임병덕(1997). 키에르케고르의 실존의 개념: 도덕교육에 주는 시사. 도덕교육연구, 9, 127-148.

정인석(2013). 의미없는 인생은 없다. 서울: 학지사.

하재홍(2010). 소크라테스식(문답식) 교수법. 이화여자대학교 법학논집, 14(4), 281-309.

한미희(2009). 의미요법의 인간이해와 교육적 의의. 종교교육학 연구, 29(2), 109-130.

한재희(2012). 상담패러다임의 이론과 실제. 서울: 교육아카데미.

한재희(2019a). 실존주의와 상담, 상담이론과 실제(양명숙, 김동일, 김명권, 기성회, 김춘경, 김형태, 문일경, 박경애, 박성희, 박재황, 박종수, 이영이, 전지경, 제석봉, 천성문, 한재희, 홍종관 공저). 서울: 학지사.

한재희(2019b). 실존통합심리상담: 과정과 기법. 서울: 학지사.

한재희, 남지연(2017). 실존주의상담의 철학적 가치관이 상담자의 자기인식 및 상담과정에 미치는 영향. 인간이해, 38(1), 47-66.

한지윤, 강선보(2015). 실존적 공허에 대처하기 위한 빅터 프랭클의 자생교육론. 한국교육학연구, 21(4), 89-119.

Breitbart, W., & Poppito, S. (2019). 진행성 암 환자를 위한 의미중심 집단정

신치료(*Meaning-centered Group Psychotherapy for Patients with Advanced Cancer*). (황진숙 역). 경기: 눈출판그룹. (원전은 2014년에 출판).

Buber, M. (2010). 나와 너(*I and Thou*). (김천배 역). 서울: 대한기독교서 회. (원전은 1937년에 출판).

Cooper, M. (2014). 실존치료(*Existential Therapies*). (신성만, 가요한, 임은미 공역). 서울: 학지사. (원전은 2003년에 출판).

Corey, G. (2005). *Theory and Practice of counseling and psychotherapy* 7th ed. Thomson: Brkoos/Cole.

Crumbaugh, J. C., & Maholick, L. T. (1964). An experimental study in existentialism: The psychometric approach to Frankl's concept of Noogenic neurosis. *Journal of Clinical Psychology, 20*, 200-207.

Deurzen, E. V. (2017). 실존주의 상담 및 심리치료의 실제(*Existential Counseling & Psychotherapy in Practice*). (한재희 역). 서울: 학지사. (원전은 2012년에 출판).

Downing, L. N. (1975). *Counseling Theories and Techniques*. Chicago: Nelsen-Hall.

Fabry, J. B. (1985). 의미치료(*The pursuit of meaning: Victor Frankl, Logotherapy, and Life*). (고병학 역). 서울: 하나의학사. (원전은 1968년 에 출판).

Frankl, V. E. (1962). Logotherapy and the challenge of suffering. *Pastoral Psychology, 13*, 25-28.

Frankl, V. E. (1966). What is meant by meaning. *Journal of Existentialism, 7*, 21-28.

Frankl, V. E. (1967). *Psychotherapy and Existentialism: selected papers on logotherapy.* New York: Simon & Schuster (Clarion Books).

Frankl, V. E. (1969). *The Will to Meaning: Foundations and Applications of Logotherapy,* Expanded edition. Penguin Books, New York.

Frankl, V. E. (1996). 인생이란 무엇인가(*Man's search for meaning*). (김재

현 역). 서울: 서문당. (원전은 1959년에 출판).

Frankl, V. E. (1998). 태초에 의미가 있었다: 정신분석에서 로고테라피에로(*Im anfang war der sinn*). (김영철 역). 서울: 분도출판사. (원전은 1982년에 출판).

Frankl, V. E. (2002). 프랭클 실존분석과 로고데라피(*The Doctor and the Soul: From Psychotherapy to Logotherapy*). (심일섭 역). 서울: 한글. (원전은 1986년에 출판).

Frankl, V. E. (2005a). 삶의 의미를 찾아서(*The Will to Meaning: Foundations and Applications of Logotherapy*). (이시형 역). 경기: 청아출판사. (원전은 1988년에 출판).

Frankl, V. E. (2005b). 의미를 향한 소리없는 절규(*The unheard cry for meaning*). (오승훈 역). 경기: 청아출판사. (원전은 1978년에 출판).

Frankl, V. E. (2008). 심리의 발견(*Psychotherapie fur den Alltag*). (강윤영 역). 경기: 청아출판사. (원전은 2007년에 출판).

Frankl, V. E. (2012). 빅터 프랭클의 죽음의 수용소에서(*Man's search for meaning*). (이시형 역). 경기: 청아출판사. (원전은 1959년에 출판).

Frankl, V. E. (2013). 빅터 프랭클의 무의식의 신(*Man's search for Ultimate Meaning*). (정태현 역). 경기: 한님성서연구소. (원전은 1975년에 출판).

Frankl, V. E. (2017). 빅터 프랭클의 영혼을 치유하는 의사: 로고테라피로 치료하는 영혼과 심리(*Ärztliche Seelsorge: Grundlagen der Logotherapie und Existenzanalyse: zehn Thesen über die Person*). (유영미 역). 경기: 청아출판사. (원전은 1986년에 출판).

Frankl, V. E., & Kreuzer, F. (1998). 태초에 의미가 있었다. 정신분석에서 로고테라피에로(*Im Anfang war der Sinn*). (김영철 역). 경북: 분도출판사. (원전은 1982년에 출판).

Heidegger, M. (1962). *Being and Time*. (J. Macquarrie & E. S. Robinson). New York: Harper & Row. (Original work published 1927).

Jaspers, K. (1964). Psychologie der Weltanschuungen. *The Worlds of Existentialism*. (M. Franck and A. Newton). Chicago and London:

Yale University Press. (Original work published 1931).

Joshi, C., Marszalek, J. M., Berkel. L. A., & Hinshaw, A. B. (2014). An empirical investigation of Viktor Frankl's logotherapeutic model. *Journal of Humanistic Psychology, 54*(2), 227–253.

Kierkegaard, S. (1980). *The sickness unto death: A Christian Psychological Exposition for Upbuilding and Awakening. Vol. 19* (H. V. Hong & E. H. Hong). New Jersey: Prinston University Press. (Original work published 1846).

Levinas, E. (2009). 시간과 타자(*Le temp et l'autre*). (강영안 역). 서울: 문예출판사. (원전은 1979년에 출판).

Long, J. L., Jr. (1997). Crisis intervention and beyond using logotherapy to transience the trauma. *Journal des Viktor-Frankl-Instituts, 1*, 25–42.

Lukas, E. (1984). *Meaningful Living: Logotherapeutic Guide to Health.* Foreword by Viktor. Frankl. Cambridge, Massachusetts: Schenkman Publishing Company.

Mascaro, N., & Rosen, D. H. (2008). Assessment of existential meaning and its longitudinal relationship with depressive symptoms. *Journal of Social and Clinical Psychology, Vol. 27*(6), 576–599.

Maslow, A. H. (1962). Lessons from the Peak–Experience. *Journal of Humanistic Psychology, 2*(9).

Patterson, C. H. (1980). *Theories of counseling and psychotherapy* (3rd ed.). New York: Harper & Row.

Riedel, C., Deckart, R., & Noyon, A. (2008). *Existenzanalyse und Logotherapie, Ein Handbuch fur Studium und Praxis.* Wissenschagtliche Buchgesellschaft, Darmstadt.

Sartre, J. P. (1956). *Being and Nothingness: an Essay on Phenomenological Ontology.* (H. Barnes). New York: Philosophical Library. (Original work published 1943).

Sartre, J. P. (2014). 구토(*Le Nausee*). (강명희 역). 서울: 하서출판사. (원전은 1938년에 출판).

Schulenberg, S. E., Schnetze, L. W., Winters, M. R., & Hutzell, R. R. (2010). Meaning-centerd couple therapy: Logotherapy and intimate relationships. *Journal of Contemporary Psychotherapy, 40*, 95-102.

Smith, E. E. (2019). 어떻게 나답게 살 것인가(*The power of meaning*). (김경영 역). 서울: RHK.

Tengan, A. (1999). *Search for Meaning as the Basic Human Motivation: A Critical Examination of Victor Frankl's Logotherapeutic Concept of Man*. Frankfurt am Main: Lang.

Wolman, B. (1975). Principles of interactional psychotherapy. *Psychotherapy: Theory, Research and Practice, 12*, 149-159.

Yalom, I. D. (2007). 실존주의 심리치료(*Existential Psychotherapy*). (임경수 역). 서울: 학지사. (원전은 1980년에 출판).

http://www.logotherapyinstitute.org/About_Viktor_Frankl.html

찾아보기

[인명]

[내용]

저자 소개

한재희(Han, Jae Hee)

미국 Baylor 대학교 박사(상담심리학)
한국상담학회 1급 전문영역 수련감독(심리치료, 부부, 집단)
한국상담심리학회 1급 상담심리사
전 한국상담학회 심리치료상담학회 회장
　　전국대학교 학생생활상담센터협의회 회장
　　한국다문화상담학회 및 한국가족문화상담협회 회장
현 백석대학교 상담대학원장

남지연(Nam, Ji Yeon)

이탈리아 Lorenzo Perosi Conservatorio di Musica di Campobasso
　　국립음악원
미국 Lesley University, Expressive Therapy and Mental Health
　　Counseling
백석대학교 대학원 박사(상담학)
한국상담학회 1급/ 청소년상담사 1급
임상심리사 2급/사회조사분석사 2급/공인음악중재사
현 호남대학교 융합학부 조교수

상담 및 심리치료 이론 시리즈 12

의미치료

Logotherapy

2020년 5월 20일 1판 1쇄 발행
2023년 1월 20일 1판 2쇄 발행

지은이 • 한재희 · 남지연
펴낸이 • 김 진 환
펴낸곳 • ㈜ 학지사

04031 서울특별시 마포구 양화로 15길 20 마인드월드빌딩 5층

대표전화 • 02) 330-5114   팩스 • 02) 324-2345

등록번호 • 제313-2006-000265호

홈페이지 • http://www.hakjisa.co.kr
페이스북 • https://www.facebook.com/hakjisabook

ISBN 978-89-997-2108-3 93180

정가 14,000원

출판미디어기업 **학지사**

간호보건의학출판 **학지사메디컬** www.hakjisamd.co.kr
심리검사연구소 **인싸이트** www.inpsyt.co.kr
학술논문서비스 **뉴논문** www.newnonmun.com
원격교육연수원 **카운피아** www.counpia.com